本书受"上海市哲学社会科学规划基金一般项目"（2019BYY008）、"2023 年国际中文教育研究课题一般项目"(23YH71C)的资助

徐晓羽 著

汉语二语学习者自主学习研究

—— 基于"心理—能力—行为"三维评估构架的实证考察

上海教育出版社
SHANGHAI EDUCATIONAL PUBLISHING HOUSE

序

晓羽老师把她最新完成的书稿发给我并希望我给写个序。我看到书稿的题目是《汉语二语学习者自主学习研究：基于"心理—能力—行为"三维评估框架的实证考察》，就迫不及待地看起来。

尽管自主学习的概念由霍尔克(Holec)引入外语教学领域已有三四十年的历史，但汉语作为二语／外语领域的研究成果并不多。我自己对此有兴趣，也做过一些研究，比如《中外学生外语自主学习能力的对比研究》(王丽娜、吴勇毅，广西师范大学学报(哲学社会科学版)，2015第1期)、《中高级汉语学习者语法自主学习能力研究：基于认知、行为、监控维度的调查》(吴勇毅、吴从尧，《华教传播者——纪念董鹏程先生文集》，台湾：世界华语文教育学会编印，2021年)等，但比较系统全面的探讨，晓羽老师的著作是第一部。

"我的生活我做主""我的事情我做主""我的爱情我做主"，现代生活中，说这些话时的人们大多豪情满怀、自信满满。但说到学习，尤其学习一门自己以前完全不知晓的语言，说"我的学习我做主"就不那么理直气壮、不那么自信了。第二语言／外语学习或习得大多是在学校环境里进行的，老师在课堂上把那种语言的知识，比如汉语，告诉一无所知的你，这是你淘得的"第一桶金"，教师主宰着课堂，主导着你的学习，长此以往你就可能形成一种依赖感：教师教什么，我就学什么；教师怎么教，我就怎么学，学习的成败，似乎都是教师的责任。

　　自主学习与上述接受学习(方式)不同,从教师的角度说,他的责任不再仅仅是"传道、授业、解惑","授人以鱼",具体到语言学习,就不再仅仅是传授语言的知识和技能,而更重要的是教会学生如何学习,如何学习语言,"授人以渔",恰如晓羽老师所说"汉语教学不仅要教授学生汉语知识,还要注重培养学生独立学习汉语的能力。"反观我们的汉语教学,又有哪一本汉语教材在教授汉语知识和技能的同时,告诉学生一些学习汉语的策略(学习策略是影响自主学习的重要因素,掌握学习策略是自主学习的重要能力,也是必要手段)? 培养学生的自主学习能力,就是要"培养学生搜集和处理信息的能力、获取新知识的能力、分析和解决问题的能力以及交流与合作的能力。"(《基础教育课程改革纲要(试行)》,2001),对语言教学亦是如此。

　　从学生的角度说,学习者要对自己的学习负起责任,自己才是学习的主体,学习是自己的行为,"我的学习我为主"(包括形成自主学习的意识,具有自主学习的能力,并且能在学习行为中表现出来)。当然,自主学习不是(学生)不要老师,也不是(教师)放任自流。埃里克森和兰宁在讨论概念为本 KUD(Know,Understand,Do)教学模式时指出,学生"学着进行超越事实的思考并进行跨时间、跨文化、跨情境的迁移概念和理解,(这)将开阔学生的世界观,帮他们发现新旧知识之间的模式和联系,并为他们的终身学习提供大脑图示"。(《以概念为本的课程与教学:培养核心素养的绝佳实践》,华东师范大学出版社,2018)这就是培养学习者自主学习的一种能力。

　　晓羽老师的这本书的特点是在分析反思前人研究的基础上,构建了一个自主学习的"心理—能力—行为三维模型",详细阐释和证明了三维之间的相互关系,并以此为框架编制了调查外国学生汉语学习自主性的问卷,总体考察了留学生汉语学习自主性、留学生听力学习的自主性以及印尼本土学生口语学习的自主性,发现他们自主学习的特点,并以质性的访谈加以佐证,既概括出了共性,也发现了不同技能学习的个性。在扎实的实证研究的基础上,她还提出了若干优化汉语自主学习的路径,针对教师教学策略的建议很有启发性。

按照晓羽老师自己的说法,自主学习具有复杂性、动态性和普适性的特点,对一个复杂现象,田野调查、实证研究非常有意义。这样的研究及其结果,不光是想让学生改变传统的接受学习方式,而且要让教师改变过于强调死记硬背、机械训练的教学方式,更多地从学习者的角度考虑,引导学生成为主动、乐学、探究、反思和自律的学习者。现代教育强调"全人教育",素质养成,包括"社会情感性成长,身体发育和健康,积极的心智健康,自律能力和效能感,以及其他促使学生成长为深思熟虑的负责任的终身学习者的因素"。(《以概念为本的课程与教学:培养核心素养的绝佳实践》,华东师范大学出版社,2018)从这个意义上讲,自主学习是一种更先进的理念,而汉语二语/外语自主学习的研究才刚刚拉开帷幕,也希望晓羽老师有更多的关于自主学习的研究成果问世。

是为序。

吴勇毅

2023 年 6 月 12 日

于沪上苏堤春晓

目　　录

第一章 绪 论

1.1 研究背景与研究意义

随着我国综合国力的提升和国际中文教育的大力推广,将汉语作为第二语言学习的学生人数持续增加。据统计,2020 年有 70 多个国家将中文纳入国民教育体系,全球 4 000 多所大学、3 万多所中小学、4.5 万多所华文学校和培训机构开设了中文课程,中国以外累计学习和使用中文的人数达 2 亿[1]。来中国学习的人数也逐年上升。统计显示,2019 年共有来自 202 个国家和地区的 397 635 名各类外国留学人员在 31 个省、自治区、直辖市的 811 所高等学校、科研院所和其他教学机构中学习[2]。在这样的大背景下,"提质增效"成为国际中文教育的关键词。2021 年 3 月,《国际中文教育中文水平等级标准》颁布,为全面描绘评价学习者中文语言技能和水平提供了规范性参考。

在长期从事汉语作为第二语言教学的过程中,我们常常发现即使是两个语言水平相近的平行班,用同样的授课方法和教材,在课堂体验和教学成效上仍然有较大的差异。其中可能的原因之一就是学习者的自主学习存在较大的个体差异。20 世纪五六十年代,现代教育观念逐渐兴起,关注重点从教师"如何教"转向学生"如何学",强调"以学习者为中心",推崇终身学习理念。"自主学

---

[1] http://www.gov.cn/xinwen/2020-09/05/content_5540872.htm
[2] http://www.jxdx.org.cn/gnjy/14176.html

习"这一概念随之出现,并由 Henri Holec 在 20 世纪 80 年代正式在外语教学界提出,且逐渐受到学界的关注,成为研究的热点。"自主学习"理论强调学生应作为主体参与教学过程,重视激发学习者的自主性和能动性,让学生学会学习。我们可以看到"自主学习"这一理论的价值就在于——它既是"以学习者为中心"理念在教学中的实际表现,更是现代教育目的的根本诉求,即"授人以渔"。教育的最终目的不应局限于教会学习者掌握一门语言或一项技能,而是教会学习者如何学,或者更确切地说,是培养可以独立于教师和课堂的自主学习。而这也是当今世界不断推崇的终身学习理念的前提之一。

目前,国内对"自主学习"理论的研究主要集中在英语作为第二语言教学领域,研究对象是国内学习英语的中国学生。而汉语教学同样要以学习者为中心,满足个性化、差异化、多样化的学习需求。在汉语作为第二语言教学的研究不断深入发展的进程中,对汉语二语学习者自主学习相关问题的研究也提上了日程。如《国际汉语教学通用课程大纲》(2014:4)在"说明"部分指出:"国际汉语教学课程的总目标是,使学习者在学习汉语语言知识与技能的同时,进一步强化学习目的,培养自主学习与合作学习的能力,形成有效的学习策略,最终具备语言综合运用能力。"不过目前汉语作为第二语言教学领域的自主学习研究起步稍晚,总量不多,且主要是理论层面的探讨,近几年开始逐渐过渡到实证研究,还有很大的发展空间。汉语二语学习者自主学习的情况如何?听力与口语等分技能方面的自主学习又如何?如何科学评估自主学习的能力及效果?学习者自主学习与学业成绩的关系如何?影响自主学习的因素有哪些?如何培养和提升汉语二语学习者自主学习能力或学习自主性?……汉语二语自主学习是个庞大而复杂的课题,相关系列问题都亟待研究和解答。

我们认为,本研究的意义主要体现在以下三方面:

一、顺应和推动国际中文教育事业蓬勃发展的态势

本研究有利于提升汉语二语教学质量和效率,重塑教师与学生的角色定位,改革教学大纲并完善课程设置以营造更高效的多场景的汉语学习环境。既响应国家对汉语国际化的发展要求,顺应国际中文教育事业的蓬勃发展态势,又可以推动国际中文教育事业的持续繁荣发展。

二、符合世界范围内现代教育理念的转变

包括英国、葡萄牙、西班牙、瑞士等多个欧洲国家已将"自主学习"写入其教育和语言教育的政策之中,在其课程大纲中明确指出教育应当为学习者培养独立控制他们个人及其生活的能力,并能为其学习计划和学习成果承担责任。我们的研究遵循"以学习者为中心"思想,重视自主学习的重要性,符合现代教育理念的主流趋势。

三、促进汉语二语教学领域自主学习研究和实践的进一步发展

目前,我国的自主学习研究主要集中在外语教学界,在汉语二语教学领域还未能形成规模性研究,有待深化和提高。本研究使用自创量表,既综合评估汉语二语学习者自主学习,又兼顾具体问题,点面结合,来华留学生和海外本土汉语学习者并举,推动了汉语二语教学领域自主学习研究的进一步发展。在理论和实证研究的基础上,本研究厘清了自主学习相关若干问题,有助于自主学习教学实践的深化开展。

1.2 本书结构

本书由七个部分组成。第一章为绪论,主要包括研究的背景和意义,本书的总体框架及研究方法等内容。

第二章为文献综述,介绍了自主学习的定义和理论基础,梳理

了自主学习研究的发展脉络,概括了国外相关自主学习研究并进行了国内相关自主学习研究的可视化分析,还归纳了自主学习的影响因素。

第三章是本书研究的基础,详细叙述了"心理—能力—行为"三维评估模型的构建并依据模型实施问卷调查以验证其信度和效果。

第四章、第五章和第六章在第三章建立的评估模型基础上展开后续实证研究。第四章总体考察汉语二语学习者的学习自主性,并提出建立"师生共同体""生生共同体"和"校生共同体"的倡议。第五章和第六章分别针对来华留学生听力学习自主性和印尼本土汉语二语学习者口语学习自主性进行问卷调查,掌握基本情况及影响因素,并提出相应的优化路径。

第七章概括总结上述研究并展望未来。

1.3　研　究　方　法

本书对近年来国内外有关自主学习的研究文献进行检索、归纳和综述,特别是对国内自主学习研究进行了可视化分析。在充分掌握国内外学者研究成果的基础上,进行深度理论的探讨。同时,本书还尝试用实证研究对理论进行验证,采用问卷调查法和访谈法将量化研究和质性研究相结合,在追求普遍性的基础上,对个体差异性进行探究,从而确保研究结果的科学性。

第二章　前人研究综述①

2.1　国外自主学习研究概况

2.1.1　自主学习概念的历史演进

自主(autonomy)一词源自古希腊词"autos"和"nomos",意思是"自己(self)"和"统治、管理(rule)",本来是个政治性词语,指的是古希腊城邦不受约束的自治。"自主"是西方自由思想的重要体现,被广泛运用在哲学、心理学、政治学和教育学等领域。

自主学习概念最早萌芽于哲学家对教育方面的论述。如苏格拉底(Socrates,前469—前399)认为教师的任务是引导和帮助学生在教学过程中积极思维,采取启发式问答法,引导学生自觉地寻求答案,逐步得出正确结论。

教育学家也对自主学习有过表述。如捷克教育学家夸美纽斯(Comenius,1592—1670)在他1632年出版的《大教学论》中就鼓励儿童自主学习,反对强制学习,要求教学应该调动学生的学习积极性,激发学生的学习求知欲。美国教育学家杜威(John Dewey,1859—1952)秉承实用主义,主张给学生自由和民主地探求知识的机会和权利,提倡"从做中学",提出教学应以儿童为中心,给儿童更多的机会独立活动和思考。

当然,早期自主学习概念的提出还只是星星之火,尚未形成燎原之势,是为后期研究打基础。而随着社会进一步发展,自主学习

---

① 本章部分内容由笔者和陈舒敏同学共同完成。

概念的生命力越来越旺盛。

20 世纪 50 年代欧洲开始了终身教育理念的讨论,一些教育学家提倡发展"学习技能""关键技能"和"终身学习技能"。1951 年联合国教科文组织终身学习研究所(UNESCO Institute for Lifelong Learning)成立。1996 年,联合国教科文组织国际二十一世纪教育委员会发表的教育报告,把终身学习作为一切重大教育变革的指导思想。该报告把建立学习型社会作为二十一世纪教育的终极目标,并界定了二十一世纪社会公民必备的基本素质,即终身学习的四大支柱——学会求知、学会做事、学会共处、学会发展。2003 年又提出了"学会改变"的主张,并将其列为终身学习的五大支柱。这五大素养的形成关键取决于学生的自主学习能力(陈阳芳,2019:1)。

外语自主学习研究的产生也有其特定的历史背景,王毅(2016:10—11)将其归纳为四点。我们在其基础上作出如下新阐述:

第一,战后世界政治格局新变化对外语教育有新要求。第二次世界大战后,大量移民涌入欧洲和北美地区。移民为了尽快融入当地的日常生活和工作,需要学习该国语言。如果全靠学校正规教学则远远满足不了庞大的需求。

第二,世界经济的复苏和快速发展需要大量外语人才。各国的经济在二战后快速复苏,国际贸易往来逐渐频繁,国与国之间、跨国公司之间、国际组织内部与国际组织之间对外语人才的需求量激增。

第三,科学技术和信息技术的发展提供了必要的物质基础。电子信息时代的来临,录音机、录像机、传真机、电视机等各种电子设备,特别是电脑和互联网技术为外语自主学习提供了物质基础。语言学习作为个体活动朝着个性化的方向发展,个人可以运用外界的各种设备和学习资料自主学习。

第四,语言学、语言教学领域的理论发展为自主学习提供了理据。语言学领域逐渐抛弃了"刺激—反应模式",突出了语言社会性和交际性的研究,如韩礼德的系统功能语法(Functional Grammar)、哈里斯的话语分析(Discourse Analysis)等。语言教学受教育学、心理学和语言学等领域的影响,交际法教学逐渐取代传统教学,注重培养学生的交际能力,学生的个性化教育特征受到关注。

1971 年欧洲委员会(Council of Europe)推行"现代语言项目(Modern Language Project)",对移民开展语言培训和教育,探索终身教育原则在语言教学中的应用。为此,法国南锡大学建立欧洲应用语言研究中心(the Centre de Recherches et d'Applications en Langues,CRAPEL)。Henri Holec 和 Yves Chalon 是负责人。1981 年 Holec 在专著中首次提出"学习者自主(Learner Autonomy)",将自主学习概念引入外语教学,并做了详细阐述,为后续研究奠定了基础。这标志着自主学习研究在外语教学领域的兴起。从此,语言教学研究者对自主学习概念进行了广泛深入的讨论,成为近年来外语教育界研究的热点,学术成果不断产出,并在实际教学实践中成为新趋势。语言自主学习相关研究在 20 世纪 90 年代末和 21 世纪初达到高峰,涌现出一大批著名学者,逐渐成为相对独立的研究领域。

2.1.2　自主学习的理论基础

2.1.2.1　哲学理论基础

哲学是对人学的研究,而自主学习作为一种学习方式和学习能力,围绕着"人"这个主体,也离不开"人"这个主体。自主学习理念从产生起就得益于哲学的发展。

人是一个非常复杂的多维度的概念。无论古今中外,思想家们都在追问:人到底是什么? 关于人的讨论,逐渐形成了人的善性与恶性、自然人与文化人、自主的人与受动的人、理性的人与非理性的人、世俗的人与宗教的人、恒常的人与可变的人等一对一对的概念(陈青松,2009:32)。很多哲学上对人的本质的讨论都是静态的,而马克思主义哲学则从历史的、变化的角度来探究人的根本,这样才能真正把握住人的本质。

　　教育应该是建立在正确的人学观基础上的,这样的教育才有人性价值。学习就是一种认识过程,所以也必须符合人类认识过程的一般规律,也就是说,具有主观能动性,同时也是个发展的过程。自主学习理念契合了人类认识过程的基本规律。学生在学习中发挥学习自主性,把认知活动和实践活动统一起来,二者相互促进,推动学习进程向纵深发展,实现自我可持续发展。

2.1.2.2　心理学理论基础

　　心理学对教育实践具有重要的意义,教育与心理学密不可分,二者互相促进,共同发展。教育史的发展几乎每一步都伴随着心理学的发展。当代教育心理学的3大主要流派——人本主义心理学、认知主义心理学以及建构主义心理学都强调教育必须以学习者为中心,而学习自主理念正是在这些心理学理论背景下形成发展起来的。

　　第一,人本主义心理学。

　　人本主义心理学是20世纪60年代兴起的一个心理学流派,强调人的内心世界的重要性,强调人的情感和需要,研究人的热情、信念、生命尊严等心理活动,"突出以'人'为中心的基本观点,从人的概念出发,重视人的意识所具有的主动性和自由选择性"(陈青松,2009:50)。人本主义的主要代表人物有马斯洛(Maslow)和罗杰斯(Rogers)等。以人本主义心理学为基础的教育哲学主张教学工作的重点应该是促进学习过程、促进意义学习和促进人类的充分发展。人本主义学习理论以学习者的自主性为先决条件,主张学习者与教育者以协商的方式进行学习,分享控制权,学习者要对自己的学习负责,以培养学习者自主性为教育目标,为外语学习者自主性这一观点的提出,提供了可靠的理论基础(魏玉燕,2002)。

第二,认知主义心理学。

认知主义心理学是在批判行为主义心理学的基础上发展起来的,奈瑟(Ulric Neisser)于1967年出版的《认知心理学》一书是其诞生的标志。代表人物有皮亚杰(Piaget),布鲁纳(Bruner),奥苏贝尔(Ausbel)和加涅(Gagné)等。具体来说,认知主义心理学以人类认知为研究对象,强调内部的认知结构,具体研究课题包括注意、觉知、学习、记忆、知识表征、分类和问题解决等。认知主义心理学认为人的认知和思维能力随着经验的增长而发展,学习活动不是简单的"刺激—反应",而是认知结构的变化,是将外部事物的联系内化为人类认知,"是一个主动的、有目的、有策略的信息加工过程"(陈青松,2009:42)。正因为认识到学习是一个信息加工过程,认知主义学习观把学生看作是信息加工的主体,强调必须以学生为中心,强调学生在教师指导下自主地发现问题和理解知识。

第三,建构主义心理学。

建构主义心理学是认知主义的一个分支,是皮亚杰、布鲁纳和维果茨基(Vygotsky)理论的进一步发展。前文已述,认知主义心理学主要解释如何将外部事物之间互相联系的知识结构内化为人类大脑的认知结构,着重的是内化。而建构主义心理学在此基础上进一步探讨内在的智力动作外化为实际动作,着重的是外化。建构主义心理学认为人们以自己的经验为基础构建、解释现实。由于个人的经验、信念不同,对外部世界的理解也会有差异。因此,建构主义学习观认为学习是学习者通过同化和顺应主动建构的过程,培养学习者自主建构的能力以及建构认知结构是教学的终极目标。也正是因为每个人都是以自己的经验和方式建构对于外界世界的理解,不同的人会有不同的建构,可能只是理解了事物的某一方面,也可能对同一方面的理解存在差异,并不存在唯一的标准。但是可以通过合作把不同人的若干理解比较归纳和总结提炼,从而达到更加丰富和全面的结果。建构主义学习理论为提倡学习者之间的合作和交互行为提供了理论基础(欧阳建平,2009:48)。

2.1.2.3 教育学理论基础

工业革命是现代文明的重要推手,推动着世界迈向现代化。教育领域也与之同步,为适应时代的发展,在去芜存菁的基础上对传统教育进行了变革和创新,以反映并满足现代科学文化发展的需要,达到现代社会所要求的先进水平。

教育现代化理论涉及的内容非常广泛,含义深远,至少在个性化学习、终身学习、教育信息化等方面为自主学习提供了有力的理论支撑,奠定了理论基础。

第一,教育个性化。

哲学和心理学都强调"人"这个主体。芸芸众生并非由统一的标准模式打造,必然存在差异。教育个性化就是在教育实践中尊重个体之间存在的差异,针对不同个体的特点开展有针对性的教学和精准的教学,因材施教,促进个性发展。学习者是独立个体,允许百花齐放,而不追求标准化统一化。开展个性化的教学,可以保证"以学生为中心",学习者可以充分发挥自己的天性,激发潜能和创造力,各自精彩。而这些都与自主学习理念不谋而合。

第二,教育终身化。

教育不应该局限在人类生命短短的某个特定阶段,更理想的状态是具有可持续性,"学到老活到老"。时代在变化,知识在不断更新,科学技术也在突飞猛进。在时代大发展这一背景下,学习者不能坐等被时代推着往前走,而应该解放思想,发挥主观能动性,自觉地紧跟时代脉搏,终身学习不懈怠。终身教育早已在世界范围内掀起热潮。2019 年中共中央、国务院印发的《中国教育现代化2035》就明确提出了"全民教育、优质教育、个性化学习和终身学习"这四大目标。要实现教育终身化的关键路径是让学习者学会学习,这也是自主学习理念的目标。

第三,教育信息化。

迄今为止,人类社会已经经历了三次工业革命,即蒸汽时代、电气时代、信息时代,目前正处于第四次工业革命进程中。第一次工业革命开启了现代化的进程,随后的两次工业革命均实现了现代化的大踏步发展。教育信息化成为教育现代化进程中必不可少的环节,对教育发展具有革命性影响,是实现教育现代化宏伟目标不可或缺的动力与支撑。所谓教育信息化即在教育领域运用信息技术进行改革和创新,把信息技术手段有效应用于教学、科研和管理等全过程。教育信息化的结果是教学和学习方式创新,教学资源来源多样化,在一定程度上摆脱了空间和时间的限制,促使自主学习得以实现。

2.1.3　自主学习的定义和内涵

关于自主学习,学者们进行了大量的研究,对于其定义和命名的视角也不尽相同,到目前为止,学界还没有完全达成一致。

对自主学习概念的研究最早主要集中在教育学和心理学领域,随后才被慢慢引入语言教育体系当中。Holec 在 20 世纪 80 年代初正式在外语教学界提出学习者自主(learner autonomy)这一概念。除此之外,自主学习相关的英文表述主要有 autonomous learning、self-access learning、self-directed learning、self-regulated learning、self-monitored learning、self-instruction、self-organized learning、self-education、self-planned learning、self-managed learning、independent learning、active learning、open learning 等。

学者们从不同的理论流派出发,用不同的术语对自主学习的定义进行界定,不同的术语强调不同的侧面,很多时候还会重叠使用。自主学习概念的复杂性和多样性可见一斑。

　　华维芬(2002)将语言教学领域关于"学习者自主"这一概念的多种不同解释概括为能力说、环境说、责任说和综合说 4 大类,见表 2.1。

表 2.1　华维芬自主学习概念和内涵分类表

分　类	代表人物及主要观点
能力说	Holec 认为自主就是学习者管理自己学习的一种潜能。这种能力不是天生的,而需要通过自然途径或专门系统的学习才能获得。一位自主的学习者能做到自己决定学习目标、确定学习内容和进度、选择学习方法和技巧、监控习得过程及自我评估学习效果。 　　Bergen 认为学习者自主的特点是学习者乐意自我管理学习,以服务于个人的需求和目的。这要求学习者有能力并愿意独立自主,并作为一个富有社会责任感的人与他人协作。
环境说	Dickinson 提出自主就是自我教学(self-instruction),即在任何一种学习环境,无论是课内还是课外,学习者的学习不受教师的直接控制,所有有关学习的决定和决定的实施完全由学习者自己负责。 　　Esch 认为促进学习自主最重要的就是为学习者提供环境和机会使其拥有某种程度的独立,教学机构或教师可以通过多种方式做到这一点。
责任说	Scharle 和 Szabo 认为自主就是管理自身事务的自由和能力,同时包含自行决定的权力。他们将自主与责任挂钩,认为责任也可以理解为负责某项事务,并意味着一个人须对自己的行为结果负责。 　　Broady 和 Kenning 认为学习者自主至少包含三个方面的内容:责任、不依赖教师的学习以及自由选择。
综合说	Benson 从技术、心理和政治三个角度对学习者自主进行了界定。

陈冬纯(2006)将自主学习相关的表述从含义上分为三类,见表2.2。

表2.2　陈冬纯自主学习含义分类

序号	含义类别	语义关系	英语术语	核心语义
一	自主学习目标/自主学习过程/自主学习模式	上义	autonomous learning	自主管理
			independent learning	独立学习
			self-instruction	自主学习环境、过程
			self-education	自律、自学模式
			active learning	主动学习
			open learning	开放学习环境、机制
二	自主学习环节/自主学习阶段/自主学习活动/自主学习方法	下义	self-planned learning	目标、材料、时间、场所等自我选择
			self-directed learning	方法、模式自我选择
			self-managed learning	过程自我管理、调控
			self-monitored learning	过程、结果自我监控
			self-access learning	自主学习方法
			self-study	自主学习活动

续　表

序号	含义类别	语义关系	英语术语	核心语义
三	学习自主性/学习自主程度/自主学习能力	交叉义	learner autonomy	自主程度、自主能力
			learning independence	独立能力

庞维国(2003：30—38)根据国外研究的不同视角和理论基础，将这些理论大体上分为 7 个流派，分别为操作主义学派、现象学学派、信息加工学派、社会认知学派、意志学派、言语自我指导学派、建构主义学派，并分别对其理论基础做了阐述。

胡杰辉(2011)则将自主学习分为三大类，见表 2.3。

表 2.3　胡杰辉自主学习定义分类

分　类	代表人物及主要观点
责任行动说	Holec(1981：3—4)论述了自主学习者要承担的责任和采取的行动：确定学习目标、确定学习内容和进度、选择学习方法和技巧、监控学习过程和对学习进行评估。
学习控制说	Benson(2001：76—103)将自主学习界定为对自己的学习进行控制的能力，从而归纳出自主性应包含三个层面：对学习内容的掌控、对认知过程的掌控和对学习管理的掌控。
意志能力说	Littlewood(1996：427—435)认为自主学习能力意味着学习者拥有独立作出并实施影响其行动的选择的意志和能力。所谓意志，就是指学习者要对自己学习负责的动机和信心。所谓能力，就是指学习者既要具备为自己学习作出选择的知识，又要掌握实施这些选择的必备技能。

王毅(2016：21—22)将前人使用过的若干名称按照其概念的不同特征,大体分成七个类别,并对七类概念进行了辨析,见表2.4。

表2.4　王毅自主学习概念的分类和辨析

类别	名　　称		缩写	特　征
1	autonomous learning	自主学习		具有普遍意义,判断的基准
2	self-education	自我教育		否定教师的存在;建立在"学习材料"上的学习
	self-instruction	自我指导		
	self-study	自学		
	self-teaching	自我教学		
3	active learning	主动学习		强调调动学习者主动性的学习环境
	student-initiated learning	学生自发学习		
4	individualized instruction	个性化指导		学习者中心,强调教师—学习者等级关系
5	project-orientation	项目导向		教学模式
6	independent learning	独立学习		学习者独立性
7	self-access learning (or self-access)	自选资料学习	SAL	从本体论和心理学角度进行了描述;自主学习的重要组成部分
	self-directed learning (or self-direction)	自我导向学习	SDL	

类别	名　　称		缩写	特　征
7	self-monitored learning	自我监控学习	SM¹L	从本体论和心理学角度进行了描述；自主学习的重要组成部分
	self-managed learning	自我管理学习	SM²L	
	self-organized learning	自我组织学习	SOL	
	self-planned learning	自我计划学习	SPL	
	self-regulated learning (or self-regulation)	自我调节学习	SRL	

　　陈冬纯(2016：24—28)认为,此表中的第 1 类"自主学习"(autonomous learning)属于通用术语,该术语已经被学界普遍接受。第 2 类主要是否定学习过程中教师的存在。第 3 类强调调动学习者主动性和主动的学习环境。第 4 类以学习者为中心。第 5 类是许多主流语言教学模式和教学方法。第 6 类是学习者自发学习或主动学习的一种比较极端的形式。第 7 类与第 2 类有相似之处,不同之处在于第 2 类强调学习者而忽视教师的存在,而第 7 类的"self"主要从本体论和心理学角度进行描述。

　　从以上归纳中可以粗略看出,不仅仅术语和定义有多种形式,连对这些定义的理解和分类也有差异。如对 Holec 的定义,大多数学者认可"能力说",但仍有部分学者认为是"责任说"(胡杰辉,2011)。这再一次说明了自主学习概念的复杂性,也说明了这一概念的丰富性。正是因为复杂而丰富,造成了学界对自主学习有不同的理解。因而关于自主学习的研究和讨论从未停止,一直在变化和发展中。

　　虽然学界对自主学习的理论立场和研究角度不尽相同,自主学习也无统一定义,但是可以发现学者们还是达成了一定共识,即学习者要积极主动地为自己的学习而负责,强调学习者的主体地位和主观能动作用。

本书在行文中用"自主学习"作为上位概念的通用术语,具体分析时则根据情况使用专指的术语,如学习自主性、自主学习能力等。

2.1.4　自主学习研究的发展

徐锦芬、朱茜(2013)把 1981 至 2011 年这 30 年间国外语言自主学习研究按研究内容和方法大体分为三个阶段:萌芽和初步发展阶段(1981—1990)、进一步发展阶段(1991—2001)和深化发展及反思阶段(2001—2011)。从历时发展角度来看,各阶段对自主学习研究在深度和广度上有了扩展和突破。除此之外,我们认为自主学习研究还经历了以下三方面的发展。

2.1.4.1　研究角度:从单维到多维

我们发现,对自主学习的研究具有动态性,呈现了从单维到多维的演进。

Holec(1981:3)认为自主学习就是"学习者能够负责自己学习的能力"(the ability to take charge of one's learning),是一种"潜在的、在特定环境中可以实施的能力,而不是个体在此环境中的实际行为"。具备这种能力的学习者能够确立学习目标、确定学习内容和进度、选择学习方法和技巧、自我监控并自我评估学习效果。他将这种能力视为是一种学习者的个人属性,是后天通过学习获得的。

Dickinson(1987:5)提出"在没有教师直接控制下的独立或与他人协作学习的自主学习环境[①]"(situations in which a learner with others or alone is working without the direct control of a

---

[①]　此处的 situations 有多种中文翻译,如华维芬(2002)称为"环境",徐锦芬、朱茜(2013)称为"情形"。

teacher)。在这种"能够使学习者对自己的学习策略具有完全的决策权和实施权的环境"中,"由学习者来自行决定学习的各个方面,包括学习内容、学习进度、调整学习计划等"(Dickinson 1987:11)。

我们可以发现,与 Holec 不同的是,Dickinson 强调的不是学习者具备的能力,而是一种有利于学生充分实现自主的学习环境。虽然 Dickinson 将自主归结于环境的这一观点饱受争议,其对环境的过分归因有失偏颇,但不可否认的是,自主学习的贯彻和实施离不开一个支持学习者自主学习的环境,而学习者本身对于学习环境的选择也是自主学习研究的一个重要内容。

除此之外,还有学者以学习者心理为切入点对自主进行定义。如 Little(1991:4)认为自主学习主要是指"学习者学习过程和学习内容之间的心理联系",是学习者对脱附、批判性反思、决策、独立行为等相关能力的实践与发展,即 Little 强调的是学习者自身的心理特质。通过对比 Holec 的定义,我们发现二者其实有很大的相似性,其关联就在于学习者的自我学习管理一定程度上是依赖于某种心理能力的。换言之,Holec 提出的自主学习的定义解释了自主学习者能做什么,即学习者日常的学习管理机制;而 Little 则强调自主学习的核心在于学习者的心理因素,这在一定程度上解释了自主学习者是如何形成其日常学习管理机制的。

除了从单一维度对自主学习进行定义以外,也有学者试图综合不同的维度对自主学习作出解释。Littlewood(1996)认为,自主学习的概念实际上包含两个维度:做选择的能力和意愿。"做选择的能力"是指学习者具备一定的知识去选择他们要学习的内容,并且具备相应的技能去执行他们的选择;"意愿"是指学习者有动机和信心并愿意对自己的学习负责。学习者自主学习的能力取决于他们知识和技能的程度;学习者自主行动的愿望取决于他们的动机和信心的程度。由此可见,Littlewood 对于自主学习的定义在一定程度上综合考虑了学习者的心理因素和外在行动能力,更加全面地阐释了自主学习者从认知到行动的过程。

Candy(1991)在第一章中提出四个维度,首先是两种过程(process):学习者控制的教学(learner-controlled instruction)和自学(autodidaxy),其次是两种个人属性(personal attributes):自我管理(self-management)和个人自主(personal autonomy)。

还有一些学者从更综合的角度界定了自主学习。Zimmerman(1989,1990,1994)创造性地提出一个较为完整且系统的自主学习研究框架,见表2.5。

表 2.5　Zimmerman 自主学习研究框架

科学问题	心理维度	任务条件	自主的实质	自主过程
1. 为什么学?	动机	选择参与	内在的或自我激发的	自我目标、自我效能、价值观、归因等
2. 如何学?	方法	选择方法	有计划的或自动化的	策略使用、放松等
3. 何时学?	时间	控制时限	定时而有效	时间计划和管理
4. 学什么?	学习结果	控制学习结果	对学习结果的自我意识	自我监控、自我判断、行为控制、意志等
5. 在哪里学?	环境	控制物质环境	对物质环境的敏感和随机应变	选择、组织学习环境
6. 与谁一起学?	社会性	控制社会环境	对社会环境的敏感和随机应变	选择榜样、寻求帮助

　　Benson 在 1997 年分别用技术(technical)、心理(psychological)和政治(political)三个版本(version)解释了学习者自主的概念。Benson(2001：50)又特别提出学习者自主包括对教学过程中三个主要层面的控制：一是学习管理(learning management)，二是认知过程(cognitive processing)，三是学习内容(content of learning)。

　　Oxford(2003：76—80)提出自主学习应该是一种多维概念，包含四个维度：技术(technical)维度、心理(psychological)维度、社会文化(sociocultural)维度和政治批判(political-critical)维度。技术维度关注自主学习环境下的技术支持；心理维度关注个体因素，如个性、态度、能力、学习策略和风格等；社会文化维度关注自主学习发生的情境，即自主学习的行为是在特定的情境下、特殊的社会互动中获得的；而政治批判的维度则更多地涉及权利的分配、意识形态等问题。

　　Tassinari(2012)认为，自主学习能力是由四个要素构成的，即行动导向、认知、元认知和情感。同时，她还进一步揭示了自主学习的发展具有复杂而动态的特质，即自主学习的四大构成要素之间是相互影响、彼此关联的。

　　目前看来，20 世纪 90 年代以来，学界逐渐倾向于从综合的视角来研究自主学习，认为自主学习并不是一种单一的能力，而是一个多维的、复杂的概念。自主学习的多维度发展能够为我们提供一个更加全面、综合的研究方向和诠释角度，从而使自主学习的理论和实践发展更加臻于完善。

　　2.1.4.2　研究方法：从思辨研究到实证研究

　　自 Holec 1981 年将自主学习理念带入外语学习领域，相关研究不断涌现，数量颇丰。自主学习的研究方法也与时俱进，随着其他学科研究方法的转变发生了变化。比较突出的一点就是早期以思辨研究、理论探讨研究为主，从 20 世纪 90 年代开始出现越来多的实证研究,实证研究的方法也从单一的问卷调查发展为定量和定性相结合,通过问卷调查、访谈和观察记录等多种方式获取研究数据(徐锦芬、朱茜,2013)。国内的相关研究也出现了相似的发展趋势。

2.1.4.3 研究应用:从课堂外到课堂内

关于自主学习理念在语言学习领域内的应用与发展也硕果累累,如个性化学习、计算机辅助语言教学、远程学习、语言咨询等。纵观其发展时期,在 20 世纪下半叶,对于自主学习这一概念的应用研究主要集中在自主学习中心的发展,随后在 20 世纪 90 年代开始转向课堂应用。

在语言教育领域,自主学习的研究应用范围主要分为课堂内的自主学习与课堂外的自主学习。Allwright(1988:35)认为,自主学习这一概念长期以来一直被认为是对传统的语言教学法的根本性颠覆,即摒弃了传统的课堂教学而代之以全新的学习方式。他认为若是要将自主学习这一概念引入课堂学习中,也就是说,要在课堂教学的环境下研究学习者自主理念,就需要对自主学习重新定义,即课堂环境中的自主学习强调学习者在课堂上能够在认知上或行为上完全自主。Little 在 1995 年也提出,自主学习并不意味着一种全新或特殊的教学模式,相反,它在很大程度上是与师生之间的互动和协商息息相关的。总体而言,课堂内的自主学习强调将主流教育系统与自主学习的概念相结合,在课堂上培养、实践学生的自主学习能力。教师在培养学生的自主学习中需要遵循三个教学原则:第一,增强学生学习的责任感,只有当学习者形成自主意识后他们才有可能将自主学习的行为付诸行动;第二,强化学习者的反思意识,教师应该努力使学习反思成为一种常规性的工作。在每个阶段的学习结束后,学习者能够通过反思对自己的学习策略、学习进程进行评估,从而找到更加有效且适合自己的方法;第三,教师应该鼓励学生使用目的语进行对话,通过设计各种各样的活动加强学习者的目的语输出,从而习得语言。

课堂外的自主学习则涉及较多的内容,如学生维度的自主学习,即脱离教师的自主学习机制的研究(Gardner & Miller, 1999)、自主这一概念在计算机辅助语言教学(CALL)的应用与发展(Blin, 2004)、自主在远程语言学习中的应用(Hurd, Beaven & Ortega, 2001)、配对学习(tandem learning)(Lewis, 2004)、课外学习(out-of-class)(Hyland, 2004)等方面的发展。随着科技的迅速发展和学习资源的日益丰富,学习者如何在纷繁复杂的网络环境中自主学习语言已经成为一个重要的研究课题,而学习者的自主学习能力也成为信息化时代对终身学习的要求。

纵观其发展过程,我们发现,关于自主学习这个概念及其应用的研究发展一方面对传统的课堂教学发出了挑战,另一方面也催生了更加注重以学习者为中心的创新的学习方法和教学方法。

2.2　国内自主学习研究的可视化分析

2.2.1　数据来源

我们以"中国知网 CNKI"平台作为数据来源,采用"高级检索"的方式获取国内外语作为第二语言自主学习研究和汉语作为第二语言自主学习研究的可视化分析数据。外语自主学习研究文献的具体检索条件设置如下:"关键词=学习自主性"或"关键词=自主学习"或"篇名=学习自主性"或"篇名=自主学习"、学科类别为"外国语言文字"、期刊类别为"CSSCI"、时间为 1990 至 2022 年。最终得到 1998 至 2022 年期间共 544 篇文献。

汉语作为第二语言自主学习研究文献的具体检索条件设置如下:"关键词=学习自主性"或"关键词=自主学习"或"篇名=学习

自主性"或"篇名＝自主学习"、学科类别为"中国语言文字"、期刊类别为"全部"（由于汉语自主学习研究的 CSSCI 文章过少，不利于研究，因此我们将期刊类别选择为"全部"）、时间为 1990 至 2022 年，共得到 486 篇文献。但其中很多文献是关于少数民族学习汉语的，还有很多文献仍然讨论的是外语自主学习，因此我们仔细筛选，最终得到 2001 至 2022 年期间共 26 篇文献。

2.2.2　研究工具

我们充分利用了 CNKI 自带的统计功能以及信息可视化软件 CiteSpace。CiteSpace 是一款信息可视化分析软件，被广泛应用于文献计量研究。本研究采用 CiteSpace 6.1.R3 Basic 软件对以上相关文献进行计量分析并绘制知识图谱，以揭示国内外语和汉语作为第二语言自主学习研究的核心作者和机构、研究领域分布和研究热点等。

2.2.3　国内外语作为第二语言自主学习研究的可视化分析

2.2.3.1　年度发文量

从发表文章数量来看，可分为四个阶段：第一阶段为萌芽期（1998—2005）。1998 至 2003 年每年发表的文章数量很少，这 6 年一共只有 6 篇。2004 年开始数量增加，这一年就发表了 12 篇，2005 年有 15 篇；第二阶段为发展壮大期（2006—2011）。2006 年井喷到了 45 篇。之后一直保持在高位，高峰期在 2008 年和 2011 年，每年都在 50 篇以上；第三阶段为回落期（2012—2017）。从 2012 年开始，发文数量出现下滑，但年发文数仍不在少数。如 2017 年仍然有 20 篇；第四阶段为低谷期（2018 至今）。2018 年发文数跌落至 10 篇，之后一直徘徊在 10 篇以下。详见图 2.1。

2.2.3.2　核心机构分布

根据 CNKI 的统计，显示共有 7 所重要研究机构，分别为上海外国语大学（16 篇）、西南民族大学外国语学院（13 篇）、华中科技

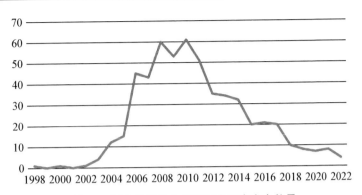

图 2.1　国内外语自主学习研究文章发表数量

大学外国语学院(12 篇)、吉林大学(9 篇)、首都师范大学(9 篇)、山西大学(7 篇)和北京建筑工程学院(7 篇)。其他发文在 5 篇以上的高校也不在少数。可见,高校是研究的主力,且高校类别丰富,有师范类高校,也有综合类高校,还有语言、民族类高校。同时可以发现,主要研究机构地理分布较为均衡,我国东南西北均有分布,详见图 2.2。

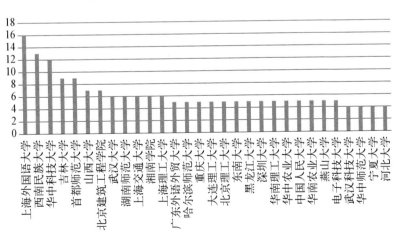

图 2.2　国内外语自主学习研究核心发文机构分布图谱

2.2.3.3　核心作者分布

统计结果显示前 5 位的核心作者分别是徐锦芬(8 篇)、林莉兰(7 篇)、李广凤(4 篇)、郭晋燕(4 篇)和王春燕(4 篇),另外还有 9 位作者是 3 篇,详见图 2.3。如果以产出文献量不少于 3 篇的作者作为核心作者,那么目前外语自主学习研究领域已经形成了核心作者群,并已初具规模。但各作者之间的合作较少,属于独立研究状态,仍需加强合作研究。

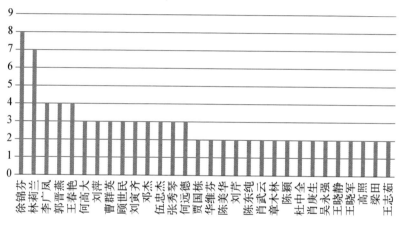

图 2.3　国内外语自主学习研究核心发文作者分布图谱

2.2.3.4　关键词共现和聚类分析

我们采用 CiteSpace 软件,新建项目进行参数设置:"时间切片"为 1998 至 2022 年,"每片年数"为 1,"节点类型"为"关键词",选择"标准"为"top 20",并提取出现频率大于等于 8 的关键词形成共现网络视图,见图 2.4。关键词共现网络呈现多个关键词,频次越高,字体越大。

图 2.4　国内外语自主学习研究关键词共现图谱

具体出现频次和年份见表 2.6。

表 2.6　常见关键词统计数据

关 键 词	频次	出现年份	关 键 词	频次	出现年份
自主学习	327	2002	建构主义	13	2006
大学英语	64	2004	大学生	11	2006
学习策略	35	2002	合作学习	10	2005
教学模式	24	2005	英语学习	10	2007
英语教学	18	2003	翻转课堂	10	2014
网络	18	2005	语料库	8	2008
网络环境	16	2006	元认知	8	2007
外语教学	13	2003	网络教学	8	2006

关键词聚类情况可以解释研究中隐含的内容关联和特征。我们仍然以文献关键词作聚类标签,形成自动聚类标签视图(前 15 个聚类标签)。聚类效果结果显示,模块值(Q 值)为 0.676,大于 0.3,表明划分出来的社团结构是显著的。此外,平均轮廓值(S 值)为 0.946 2,在 0.5 以上,表明聚类是令人信服的。详见图 2.5。

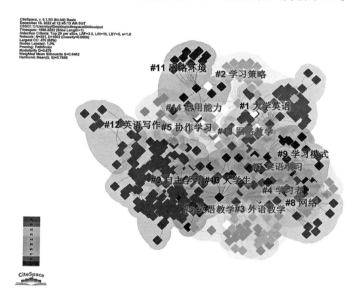

图 2.5　国内外语自主学习研究关键词聚类图谱

根据聚类规模,15 个聚类由大到小的排序详见表 2.7。

表 2.7　国内外语自主学习研究前沿聚类汇总列表

聚类编号	聚类标签	聚类编号	聚类标签
0	自主学习	2	学习策略
1	大学英语	3	外语教学

续　表

聚类编号	聚类标签	聚类编号	聚类标签
4	学习者	10	大学生
5	协作学习	11	网络环境
6	英语教学	12	英语写作
7	英语学习	13	网络教学
8	网络	14	语用能力
9	学习模式		

我们尝试结合关键词共现与关键词聚类图谱进行分析。"自主学习"是在 CNKI 检索时设置的关键词，因此出现频次最多无可厚非。其他较为突出的关键词大致可分为几大类：

第一类有关研究对象，主要与英语有关，如"大学英语、英语教学、英语学习、外语教学、英语写作"等。这说明我国外语自主学习研究以英语为主。英语作为第二语言的研究是最主要的研究领域，英语界的研究者占大多数。

第二类有关自主学习的理论基础，如"建构主义"。

第三类有关自主学习的学习策略，如"学习策略、元认知"。

第四类有关自主学习的教学模式和辅助资源，如"网络、网络教学、网络环境、翻转课堂、语料库"等。

第五类有关自主学习的学习方式和能力培养，如"合作学习、协作学习、语用能力"等。

2.2.3.5　研究热点

李杰、陈超美(2017：127)指出研究热点可以认为是在某个领域中学者共同关注的一个或多个话题,有很强的时间特征。研究热点在研究前沿中可以通过 burst terms/phrases 来进行探索(陈悦等,2014:150)。突变度体现一个关键词在一定时期内研究的热度。每个突变词后的粗线部分表示该关键词成为研究热点的时间段。我们设置了 γ[1,0.5],minimum duration＝2 为阈值进行突发检测,以便探究在整个国内外语自主学习研究过程中出现的研究热点。结果详见图 2.6。

Top 13 Keywords with the Strongest Citation Bursts

Keywords	Year	Strength	Begin	End	1998 - 2022
教学模式	2005	3.61	2005	2007	
网络	2005	3.4	2005	2007	
多媒体	2005	2.07	2005	2006	
合作学习	2005	1.72	2005	2008	
学习模式	2007	1.81	2007	2008	
学习策略	2002	2.82	2008	2010	
大学生	2006	1.66	2012	2014	
网络环境	2006	1.63	2012	2013	
英语学习	2007	1.89	2013	2018	
翻转课堂	2014	5.14	2014	2019	
大学英语	2004	1.77	2015	2016	
模式	2009	1.73	2015	2016	
网络时代	2007	1.76	2017	2022	

图 2.6　国内外语自主学习研究热点突变分析

从图中可以看出,在这 20 多年中,至少连续两年成为研究热点的突变词共有 13 个。2005 年出现 4 个突变词,分别是"教学模式""网络""多媒体"和"合作学习"。2007、2008 年出现了突变词"学习模式"和"学习策略"。之后一直到 2012 才陆续出现突变词,分别是"大学生""网络环境""英语学习""翻转课堂""大学英语""模式"和"网络时代"。2017 年出现的突变词"网络时代"一直延续至今。这也符合当今新一代信息技术迅猛发展的趋势。其中"翻转课堂"是这些年来强度最高的突变词,强度为5.14。其他强度较大的突变词及强度分别是"教学模式"(3.61)、"网络"(3.4)、"学习策略"(2.82)。

2.2.4　国内汉语作为第二语言自主学习研究的可视化分析

2.2.4.1　年度发文量

从文章发表数量的角度来看,可以说发文量极少,从2001年第一篇文章发表以来一共只有26篇。20多年来在2017年形成了一波上升,2020年开始又进入向上发展期,这一波能发展到何种高度值得期待。详见图2.7。

图2.7　国内汉语自主学习研究文章发表数量

2.2.4.2　核心机构分布

对于发文机构的分布,结果显示共有5所重要研究机构,发文量均为2篇,分别为昆明锦程教育集团、厦门大学海外教育学院、广东外语外贸大学留学生教育学院、复旦大学国际文化交流学院和云南师范大学。详见图2.8。

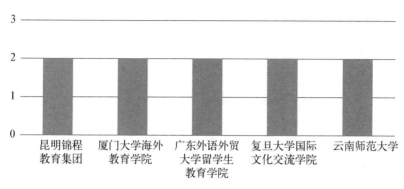

图 2.8　国内汉语自主学习研究核心发文机构分布图谱

2.2.4.3　核心作者分布

此外,对于发文作者的分布,结果显示共有 3 位核心作者,发文都是 2 篇,分别为罗晨、者林和郝红艳,目前尚未形成核心作者群。详见图 2.9。

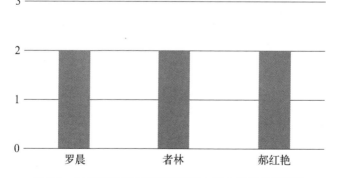

图 2.9　国内汉语自主学习研究核心发文作者分布图谱

2.2.4.4　关键词共现和聚类分析

因为文献数量较少,所以我们以文献关键词作节点标签,把所有关键词形成默认聚类视图。详见图 2.10。

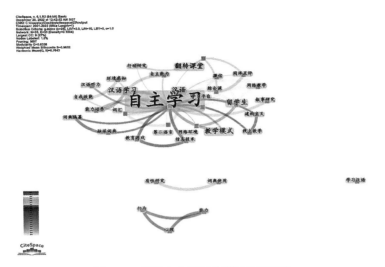

图 2.10　汉语自主学习关键词共现图谱

具体关键词频次和出现年份见表 2.8。

表 2.8　汉语自主学习关键词频次和出现年份

关　键　词	频次	出现年份	关　键　词	频次	出现年份
自主学习	20	2001	环境感知	1	2017
汉语学习	2	2017	微信	1	2020
留学生	2	2010	能力	1	2022
汉语	2	2004	综合课	1	2017
教学模式	2	2001	融媒词典	1	2022
翻转课堂	2	2017	学习汉语	1	2014
词典编纂	1	2022	行为	1	2022

关 键 词	频次	出现年份	关 键 词	频次	出现年份
第二语言	1	2004	心理	1	2022
汉语听力	1	2011	网络环境	1	2010
同伴互评	1	2017	自我效能	1	2017
叙事研究	1	2016	网络教学	1	2020
质性研究	1	2018	信息技术	1	2013
能力培养	1	2021	初级阶段	1	2011
词汇	1	2004	遵循规律	1	2011
线上教学	1	2022	文化适应	1	2011
词典使用	1	2018	影响自主学习的因素	1	2005
行动研究	1	2017			
教育游戏	1	2013	外语教学	1	2005
自主能力	1	2017	汉语学习者	1	2018
建构主义	1	2022	教师角色	1	2018
学习平台	1	2020			

可知"自主学习"出现频次最高,有20次。出现频次为2次的有5个,其余27个关键词出现了1次。这些关键词围绕着"自主学习"形成一定的联系。

我们接着以文献关键词作聚类标签,形成自动聚类标签视图。聚类效果结果显示,模块值(Q值)为0.5461,大于0.3,表明划分出

来的社团结构是显著的。此外,平均轮廓值(S 值)为 0.944 4,在 0.5
以上,表明聚类是令人信服的。详见图 2.11。

图 2.11　汉语自主学习关键词聚类

可以看到,一共形成了三个聚类,详见表 2.9。

表 2.9　汉语自主学习聚类标签

聚 类 编 号	聚 类 标 签
0	汉语
1	网络教学
2	翻转课堂

结合关键词共现和聚类,可以发现除去"自主学习、汉语、汉语
学习"等,比较突出的关键词主要涉及教学模式,如"教学模式、网

络教学、翻转课堂"等。

2.2.4.5 研究热点

我们进行了突发检测,并将阈值设置为 0.35,将 minimum duration 设为 1,但无法得到突变词。这说明近 20 年来汉语作为二语自主学习研究未能形成研究热点。

2.2.5 对比分析和总结

通过前文对国内外语作为第二语言自主学习和汉语作为第二语言自主学习研究的计量分析,我们可以清晰地看到汉语作为第二语言自主学习研究与外语作为第二语言自主学习研究存在极大的差距。具体对比分析如下:

第一,发文量。

从发文量及核心期刊发文量来看,外语自主学习研究数量较多,研究成果丰富,并且得到了核心期刊的认可。汉语自主学习研究虽然起步只比外语晚三年,但受关注程度很低,在发文量、核心期刊发文量方面屈指可数,大大落后于外语自主学习领域的研究。至今没有出现成规模的研究热潮。

第二,作者和机构。

外语自主学习研究已经形成了核心作者群,作者所在研究机构集中在高校,且在全国范围内分布均匀。说明外语自主学习研究受众面大,研究者分散在全国各大设有外语学院的高校内。而汉语自主学习研究的作者人数较少,即使核心作者也发文量有限,在该领域的学术地位尚未建立。参与的研究机构也较少。

第三,关键词和研究热点。

从外语自主学习研究的关键词可知,研究范围较为广泛,既有理论探讨,如对建构主义的介绍,也有学习策略、学习方式、教学模式和能力培养等二语教学相关内容。体现了理论与实践的结合,在深度和广度上均有所拓展。近 20 多年来形成了若干研究热点,特别是 2014 年以来,随着互联网技术的迅猛发展,教学模式发生了巨大转变,借助于网络的教学,对翻转课堂等的研究掀起了研究热潮。而汉语自主学习研究因为成果极少,所以研究方向较为分散,未能形成集聚效应,也未能形成研究热点。但即便如此,汉语自主学习领域研究仍然赶上了"翻转课堂、网络教学"等时代潮流。这也在一定程度上说明,自主学习研究已积极拥抱互联网时代。

由此,我们认为汉语作为第二语言自主学习研究仍处于初期阶段,其广泛的研究领域仍未受到重视,开发潜力巨大。我们期待各位学界同仁能认识到自主学习对二语学习的重要性,从而投身这片研究蓝海。

2.3　影响二语学习者自主学习的因素

纵观国内外自主学习相关研究,不外乎将其影响因素分为学习者因素和环境因素,或称个人/内部因素和外部因素两大类别。下面对影响学习者自主学习的主要因素进行描述。

2.3.1　学习者因素

学习者因素,是指存在或潜在于学习者自身内部的相关的因素。20 世纪 70 年代以来,随着心理学和教育学理论的发展,人们开始意识到,成功与不成功的学习者之间存在着巨大的个体差别。因此语言教学界逐渐开始重点研究学习者自身的特征、学习策略、学习风格等内在的因素。各家归纳出的内因条件略有不同,我们介绍几个公认的较为重要的因素。

2.3.1.1　学习动机

2.3.1.1.1　学习动机的定义

学界对动机的研究由来已久。Keller(1983：389)将其定义为"人们为达到或避免某种经验或目标所作出的选择以及愿意为此付出的努力程度"。霍斯顿(1990：3)认为动机是起动和指导行为的因素,以及决定行为的强度和持久性的东西。McMeniman(1989)把动机界定为激励和引导个体朝着目标努力的动力。Williams &. Burden(1997：121)指出:"动机不只是激发兴趣,还涉及维持兴趣以及投入时间和精力,努力达到特定的目标"。

　　尽管粗看起来各家对动机的定义描述各有不同,但细细看来,他们都认为动机作为一种内在驱动力,决定了个体的选择(设定目标)、行动(做出努力)以及坚持的时间(维持)。有动机意味着个体意识到并重视某种目标,并决定朝着该目标付出持续的努力以实现它。在这个意义上,动机本质上就是自主的。

2.3.1.1.2　学习动机的分类

　　关于动机分类的研究,Gardner 和 Lambert(1972)从社会心理学视角出发,认为语言学习动机与其他动机不同,因为语言学习不仅仅只是知识和技能的习得,学习者在此过程中还需要积极的心态去拥抱目的语群体和文化,而学习者的态度将会对其学习动机和学习结果产生显著的影响。在此基础上,二人提出了二语动机研究领域著名的概念:融合型动机(integrative oriented motivation)和工具型动机(instrumental oriented motivation)。前者指的是学习者出于个人融入目的语和目的语社团的语言和文化的愿望而学习该语言,后者指的是学习者出于目的语的现实价值或好处(如便于找工作或晋升等)而学习该语言。

　　除此之外,Deci 和 Ryan(1985)从认知心理学的角度出发提出了"自我决定动机理论",将学习动机分为内在动机(intrinsic motivation)、外在动机(extrinsic motivation)和动机缺乏(amotivation)。受内在动机驱动的学生是为了学习本身而学习,是自主决定的,也就是说学习者能够从学习本身获得满足感和成就感,而这种积极的情感将会鼓励他们继续学习。与之相对的外在动机指的是学习者更加倾向于将学习过程视为达到某一实用性目标的工具,强调外在奖励或规定,如为了获得证书或找工作,或者为了避免受到处罚等。动机缺乏指的是学习者对学习活动没有任何感觉,无论是内在还是外在的。

社会是现实的,甚至是残酷的。成长的过程中往往需要我们放弃一些个人兴趣。就像 Ryan & Deci(2000:60)提出的那样,"当个体告别孩提时代以后,社会需求和社会角色要求他承担没有内在乐趣的任务,剥夺他们仅仅出于内在动机去做事的自由。"陈阳芳(2019:41)调查了地方院校,发现大部分非英语专业大学生的英语学习动机主要是外在的,而出于乐趣以及满足感和好奇心而学习英语的学生很少。

Vallerand(1997)又进一步把内部动机分为了解刺激型(IM-knowledge)、取得成就型(IM-achievement)和体验刺激型(IM-stimulation);外部动机分为外在调节型(external regulation)、摄入调节型(interjected regulation)和认同调节型(identified regulation)。经过几十年的研究,自我决定动机理论已经形成了一个较为完整的体系。

对比以上两种主流分类体系,我们认为,Deci & Ryan 的分类体系搭建了一个更完整细致的理论框架,照顾到学习者的心理需求和物质需求,涵盖面更广,解释力更强。从教学应用层面看,更具实用性和可操作性,也更适于指导学校的外语教育。基于该理论框架,教师能够从学习过程本身入手,增强学习者的内在动机,从而促进学习过程的良性循环。而 Gardner & Lambert 精准抓住并突出了目的语及目的语社团的语言与文化对学习者的吸引力,在 20 世纪 70 年代具有一定的先进性和合理性。

2.3.1.1.3　学习动机与成绩及自主学习的关系

学习动机与学习成绩密切相关。研究证明,拥有强烈的学习动机的学生往往在学业成绩上有更好的表现,而成功的语言学习者大多具有强烈的学习动机(Ushioda, 2008)。由此可见,学习动机已经成为影响学生二语习得的重要因素。

学习动机与自主学习也有着十分密切的关系。前人用思辨或者实证的方式讨论了动机与自主学习的关系,主要分为以下三类:第一,学习动机决定学习者的自主学习(Littlewood, 1996; Spratt et al., 2002;华维芬,2009)。如 Littlewood(1996)认为学习者的能力和意愿是自主学习的两大核心要素,其中意愿是建立在学习者的动机和自信心的基础上。也就是说,动机实际上成了自主学习的前提。华维芬(2009)用实证的方法证明激发学习者学习动机对提高自主性具有积极作用。第二,不少学者认为自主学习决定学习动机(Deci & Ryan, 1985; Dickinson, 1995)。如 Deci 和 Ryan 就认为,学习者由内在动机带来的满足感和成就感实际上来源于学习者的自主性行为。最后一种观点是学习动机和自主学习二者之间呈螺旋式上升,是相互促进、相互影响的关系(Ushioda,1996)。即学习动机引发自主学习行为,在达到目标后,自主学习通过自我效能感和成就归因反作用于动机。

综上,无论是在提升学习者的学业表现还是在促进自主学习上,动机都扮演着十分重要的角色。那么,教师应该如何激发和强化学习者的动机呢? 不同的动机分类体系可能会导致不同的学习结果。如 Deci 和 Ryan(1985)就认为,拥有内在动机的学习者更倾向于获得更好的学习效果,而 Gardner 及其同事则认为融合型动机是最主要,也是最重要的语言学习动机,与语言学习成绩密切相关(华维芬,2009)。我们认为,无论出于何种动机,其根本问题在于学习者的动机是自我驱动的,而不是外力强加的,即学习者的需求、兴趣、目标等一切构成学习动机的因素都是以自我导向为前提,而不是来源于周围的老师、家长的要求或期望。因此需要强调学习者本身作为学习的主人所应该具备的责任感和自觉性,并积极创造机会让学生践行其自主性。此外,强化学习动机的另一重要方法就是增加学生合作学习的机会——在合作学习当中,学生有共同的目标和责任,而学生之间的互动和相互依赖性能够有效地增强学生的动机(Ushioda,1996)。

2.3.1.2　自我效能感

2.3.1.2.1　自我效能感的定义

自我效能感(self-efficacy)这一概念最早是由美国著名心理学家 Bandura 在 1977 年提出的。他在研究中发现,"过去的理论和研究把主要注意力集中在人们的知识获取或行为的反应类型方面"(徐锦芬,2007:62),而从内在的知识到外在的行为之间的心理过程却被忽略了。Bandura 认为,个体对自身能力的判断对于该心理过程有着重要的调节作用,并由此提出"自我效能感"这一概念。也有些研究称为"信念"。自我效能感也是动机的重要影响因素之一。

根据 Bandura(1977,1986,1997),自我效能感指的是个体对于自身在实现某个特定目标的过程中所需能力的自我感知和判断。自我效能感是与具体的目标和任务联系在一起的,对自我效能感的测量关注的是个体对于自身在某个特定任务中的能力表现,而非个体的品质表现,如生理特征或心理感受等(Zimmerman, 2000)。也就是说,在听力学习中自我效能感高的学习者可能在口语学习时表现出较低的自我效能感。

2.3.1.2.2　自我效能感对学习者的影响

国内外对于自我效能感的研究成果颇丰,大多集中在探究自我效能感对学习者产生的直接和间接的影响。与学习有关的自我效能感是学业自我效能感。艾根和考柴克(Eggen & Kauchak,1999:403,转引自庞维国 2003:49)系统总结了不同自我效能感学习者在学习特征上的显著差异,见表 2.10。

表 2.10　不同自我效能学习者的学习特征

	高自我效能的学习者	低自我效能的学习者
任务定向	结束挑战性的任务	避免挑战性的任务
努力	面对挑战性的任务付出更大的努力	面对挑战性的任务付出的努力较少
意志力	不达目标不罢休	达不到目标时会放弃
信念	相信自己会取得成功;没有达到目标时能控制自己的焦虑和紧张;相信自己能控制环境	老是考虑自己缺乏能力;不能实现目标时紧张、焦虑;认为自己对环境无能为力
策略运用	放弃无效的策略	坚持使用无效的策略
成绩	与同样能力的低自我效能感的同学相比,成绩更好	与同样能力的高自我效能感的同学相比,成绩更差

　　首先,自我效能感能够影响学习者的任务选择和目标设定。学生会倾向于选择他们自认为能够完成的学习任务,而回避那些他们认为难以完成的任务。自我效能感高的学生会更愿意挑战,去设定更高的学习目标,挑战更难的任务。其次,自我效能感高的学生面对困难的任务时能够付出更大的努力,意志力更坚定,更坚持不懈直至达到目标。他们也不会轻易放弃,遇到困难时的适应力更强,能控制住自己的紧张和焦虑,沉着冷静地克服困难。而低自我效能感的学生付出的努力较少,面对困难也容易灰心放弃,无法坚持,同时因为对自己的能力没有信心,遇到困难就容易紧张和焦虑,对环境的适应能力差。再次,高自我效能感的学生能够随着情况不同更加自如和有效地运用学习策略,而低自我效能感的学生无法准确辨别形势,坚持使用无效的策略。最后,自我效能感能

够直接对学习者的学业成绩产生影响。自我效能高的学生的成绩更好。目前已有大量的研究证明,自我效能感对于学习者的学业成绩有着显著的积极影响(Pintrich & DeGroot, 1990; Multon, Brown & Lent, 1991; Brian et al., 2014; 李航航、刘儒德,2013)。王亚冰、黄运亭(2022)运用元分析技术对 57 项独立样本的研究发现,自我效能感与二语成就总体上呈现中等程度相关($0.3 < r < 0.5$)。

2.3.1.2.3　自我效能感与自主学习的关系

除此之外,自我效能感与自主学习之间也有十分密切的联系。申克(Schunk, 1990)提出了一个模型,他指出,学生的自我效能感越强,他们为自己设置的学习目标就越高,自我调节能力也越强。史蒙克(Schmenk, 2005)认为自我效能感是学习者自主学习的前提条件。因为只有当学习者意识到自己的能力,并对自身的能力有着积极的判断后他们才会主动承担起学习责任,并有意识地控制自己的学习过程。通过影响学习者的目标设置、自我监控与评价以及学习策略的使用过程,自我效能感也会影响学习者的自主学习能力(Zemmerman, 2000)。李斑斑和徐锦芬(2014)通过调查416 名高校大学生,采用相关分析、回归分析和路径分析等方法探究成就目标定向对英语自主学习能力的影响以及自我效能感的中介作用,发现自我效能感对英语自主学习能力产生显著的正向影响。李代鹏和常大群(2017)通过对汉语学习者的自我效能感和汉语写作之间的关系进行了调查,发现具有强烈的自我效能感的汉语学习者,其写作能力也更强。

由于自我效能感是自主学习的一个有力预测指标,提高学习者的自我效能感不仅对于提高学习者的学业成绩有积极的影响,对于促进学习者自主学习能力的发展也有十分重要的作用。因此,要想促进学生的自主学习,提高学习质量和学习成绩,就应该提升学生的自我效能感。如何在教学过程中提高学生的自我效能感便成为教学研究和教学实践中的重点之一。Bandura(1997)提出自我效能感源于表现成就、替代性经验、言语劝说以及生理状态。其中,表现成就指的是学生在语言学习中获得成功,而随之而来的成就感能够有效地提高学习者的自我效能感;替代性经验是指学习者在观察水平相当的同伴在学习过程中的表现后对自己的能力作出间接评估的过程,也就是通过自我代入法间接地影响自身的自我效能感;言语劝说指的是他人通过言语劝说的方法鼓励学习者行动,从而提高学习者的自我效能感;而生理状态则是一些生理情绪或感受对自我效能感产生的影响。

2.3.1.3　学习态度

语言学习不仅仅是一个简单的认知过程,单纯依靠有效的学习策略或充分的目的语输入并不能保证语言的成功习得。学习者的态度,即他们学习一门语言的意愿以及对自身在语言学习中所扮演的角色定位和能力评价,是决定语言习得能否持续发展并最后取得成功的关键因素。

学习态度指的是"学习者对自己在学习中应承担责任的认识,以及对自己学习能力的评价"(徐锦芬,2007:69—70),属于元认知知识的一部分。Wenden(1991)认为两种态度最为重要,一种是学习者对他们在学习过程中的角色的态度,一种是对他们作为学习者的学习能力的态度。所谓角色定位,指的是学习者对于在学习过程中教师和学生所应承担的责任有明确的认识——谁才是学习真正的主人,而这正是自主学习的根本定义,即学习者成为学习内容和学习过程的决策者和责任承担者。因此,本研究所提到的学习态度是指学习者对语言学习中学生和教师应该承担的责任的认识,该责任具体包括确定学习目标、决定学习内容、制订学习计划、选择学习材料和评价学习效果。

在语言习得的研究中,态度和动机是紧密相连的。学习态度是学习的情感动力,是学习者学习动机的外在表现。积极的学习态度有助于增强学习动机,而消极的学习态度则减弱学习动机。学习态度对于自主学习的培养具有十分重要的作用。若学习者思维固化,认为真正的学习只能发生在传统的以教师为主的课堂教学上,那么教师采取的一系列培养学生自主学习的行为都将被视为无效,学习者抗拒的态度将严重影响到教学目标的实现;如果学习者认为学习的责任主要在于教师,而对于自身的责任和行为没有充分而正确的认识和把握的话,他们将更倾向于依赖教师所提供的一切学习材料和学习策略而不加筛选地采用,更不会主动寻求机会主导和管理自己的学习。因此,教师在教学过程中,除了应该为学习者提供与自主学习相关的认知策略以外,更为重要的是通过元认知策略的训练来帮助学习者提高主人翁意识,从而改变学习者的学习观念,树立自主学习的态度。

2.3.1.4　学习策略

学界关于学习策略的讨论始于 20 世纪 70 年代中叶(Rubin,1975;Stern,1975;Naiman et al.,1978),学者们从学习者角度入手描述成功学习者的特征,关注点在于学习者采取何种策略来理解、学习和记忆新知识。他们试图解释为什么在同样的学习条件和环境下,有些学习者就比其他人能学得更有效率、更成功。

2.3.1.4.1　学习策略的定义和特征

关于学习策略的定义,学者们有不同的叙述,如:

(1) Stern(1983):"根据我们的看法,策略最好用于泛指语言学习者采用方法(approach)的一般趋势或总体特点,技巧(techniques)用于表述可视行为的具体形式。"①

(2) Weinstein & Mayer(1986):"语言学习策略是学习语言时

----

① 　1—6 转引自严明(2009:135—136)。

的做法或想法,这些做法和想法不断影响学习者的编码过程。"

（3）Chamot(1987)："学习策略是学生采取的技巧、方法或者刻意的行动,其目的是提高学习效果和易于回忆语言的形式及内容。"

（4）Rubin(1987)："学习策略是有助于学习者自我建构的语言系统发展的策略,这些策略能直接影响语言的发展。"

（5）Oxford(1990)："语言学习策略是学习者为了语言学习更加成功、更加自由、更加愉快所采取的行为或行动。"

（6）Cohen(1998)："语言学习策略是指学习者有意识或半意识的行为和心理活动,这些内外部活动有着明确的目标。一种目标可能是使语言知识和语言技能的学习变得更加容易,另一种目标是为了语言的运用或弥补学习者语言知识的不足。"

（7）O'Malley & Chamot(1990)："学习策略是学习者用来帮助自己理解、学习或保留新信息的特殊见解与行为。"

Ellis(1994：532—533)针对学习策略的不同定义,总结了语言学习策略的特点：① 可分为整体性的和针对具体学习任务的具体方法或手段;② 使用目的主要为了解决问题;③ 一般是学习者有意识地运用;④ 包括语言行为和非语言行为;⑤ 既可用于母语习得,又可用于二语习得;⑥ 可分为行为性和心理或思维性,前者指的是可观察了解的,后者则无法通过观察了解的;⑦ 对语言学习的影响分为间接的和直接的;⑧ 策略的选择因个体选择或任务而有所差异。

可见,20世纪八九十年代集中了一批优秀学者投身于学习策略的研究,他们的定义各有千秋,不乏共同点,也有不一致之处。在这些前人的基础上,我们从广义上归纳总结出学习策略具有以下特征：

首先,学习策略既是内隐的,关涉心理活动,更是外显的,是在学习过程中实实在在的行动。心理活动属于学习者的内部活动,这类学习策略不能直接观察得到。行动则属于外部活动,可以直接观察得到。

其次,学习策略带着明确目标,是有意而为的。学习者能够意识到所用的策略。当然我们要考虑到个体差异,对某个策略,或者某个个体,在意识强弱上会有差别,应当具体问题具体分析。

再次,学习策略体现在学习者的技巧和方法上。通过运用学习策略,学习者可以更成功更轻松地学习。

最后,学习策略既可以是抽象的高度概括性的某人学习的总体特点,也可以是学习过程中采取的具体技巧。

2.3.1.4.2　学习策略的分类

随着研究的深入,学者们发掘出的策略越来越多,与此同时,学界逐渐意识到综合运用多种策略可以达到最佳学习效果,因此对策略进行分类,建立体系就变得重要起来。学界对于学习策略的分类也各不相同。严明(2009:138—139)归纳出以下分类标准:

(1)根据学习策略的用途进行分类:有的策略直接用于语言的学习之中,而有的策略则用于语言的使用之中。

(2)根据学习策略的表现形式进行分类:有的学习策略属于外显的行为表现,而有的学习策略则纯属于思维活动。

(3)根据学习策略的使用者分类:即成功学习者的学习策略和不太成功的学习者的学习策略。

(4)根据心理过程对学习策略进行分类:认知策略、元认知策略、情感策略和社交策略。

(5)根据策略是否直接作用于学习过程,可以把学习策略分为直接学习策略和简介学习策略(Oxford,1990)。

(6)根据学习者的水平,可以把学习策略分为初级学习者的策略、中级学习者的策略和高级学习者的策略(O'Malley 等,1985)。

(7) 根据使用目的,可以把学习策略分为语言知识学习策略(如语音学习策略、词汇学习策略、语法学习策略)和语言技能发展策略(如听力理解策略、说的策略、阅读策略和写作训练策略等)(Rubin & Thompson,1994)。

虽然分类标准多样,但有几位学者建立了较为全面和系统的学习策略体系,多为后人研究采用。如 Nisbet 等(1986：30)把学习策略分成三个层次：第一层次是核心策略(central strategies),与态度和动机有关;第二层次是宏观策略(macro-strategies),主要包括调控、审核、修正和自评;第三层次是微观策略(micro-strategies),主要有质疑与计划。O'Malley & Chamot(1990：44—46)在信息加工的认知理论基础上,经过系统研究,将学习策略分为元认知策略(metacognitive strategies)、认知策略(cognitive strategies)和社会/情感策略(social/affective strategies)三种。其中元认知策略指学习者在掌握认知过程的基础上对学习过程的调整、控制的过程,认知策略指学习者对目标知识的直接处理行为,而社会/情感策略指学习者与外界互动的行为。同一年,Oxford(1990：37、135)将学习策略分为直接策略(direct strategies)和间接策略(indirect strategies),其中直接策略主要包括记忆策略、认知策略和补偿策略,即学习者在学习语言中所采用的有利于语言习得的方法;而间接策略主要包括元认知策略、情感策略和社交策略。我们可以发现,直接策略所强调的是学习者与语言材料的关系,即如何处理、记忆语言材料,而间接策略则聚焦于学习者对自身学习过程的控制,更强调学习者的心理层面。文秋芳(1996：31、55)提出英语学习策略系统由两个子系统组成：观念系统和方法系统。他们对学习成绩都能产生积极或消极的影响。为了取得学习的最佳效果,我们必须对自身的观念和方法不断地调整。调整与认知有关的一些活动就被称为认知活动管理法;调控情感状态的活动就称之为情感活动管理法。认知活动管理法包括确立目标、制订计划、选择方法、监控学习过程、评价方法的成效、调整学习行为。情感活动管理法大致分为两类: ① 调动积极情感因素;② 克服消极情感因素。文秋芳、王立非(2004:48—50)又按照 Skehan(1989)的信息处理理论模式,提出了双维度的策略归类框架。英语学习策略系统由管理策略与语言学习策略、情感策略三个子系统组成。每个策略都包括观念和行为两个部分。观念指学生在英语过程中通过自身的体验或别人的影响所形成的一种看法体系。与观念相对应的是行为,一个观念,往往会引导一个对应的行为。观念也不一定引发一个相应的行为,但行为上的变化必须以观念上的变化为前提。

总的来说,我们可以从国内外学者对语言学习策略分类的关键词中提取几对常见的概念组,见表 2.11。

表 2.11　常见概念组

	概　念　组	
1	直接的	间接的
2	一般的	特殊的
3	宏观的	微观的
4	认知的	元认知的
5	情感的	非情感的
6	学习过程的	学习管理的
7	学习语言的	运用语言的
8	观念的	行为的

这几组概念可以帮助我们更直观地搭建理解和研究学习策略的框架。如钱玉莲(2005)搭建的学习策略框架体系首先从宏观和微观进行分类。

2.3.1.4.3　学习策略与成绩的关系

学习策略对于学习的意义是不言而喻的。海内外有大量的研究证明,在其他条件相同时,学习策略的有效使用与学习成绩、语言水平呈明显正相关的关系(文秋芳,1996;吴喜艳、张庆宗,2009;Park,1997)。因此,有关学习策略的培训也成了学者们研究的重点。如程宇敏(2018)通过任务型教学将学习策略培训融入课堂教学中,通过对比实验组和对照组的结果,发现学习策略的训练能够有效提高学习者的策略使用能力,从而影响学习者的语言表达能力和学习成绩。因此,在语言教学的过程中,有关学习策略的培训应该成为课程的组成部分之一。

2.3.1.4.4　学习策略与自主学习

学习策略是自主学习的重要组成部分。Wenden(1991)坚信,学习策略是促进自主学习的关键。大量研究表明,学习策略与自主学习能力呈显著正相关关系(吴喜艳、张庆宗,2009;倪清泉,2010;谭霞、张正厚,2015)。也就是说,学习策略能够有效地提高学生的自主学习能力。因此,提高学习者的策略认知水平和策略使用能力不仅能有效提高学习者的语言水平,更重要的是,学习者在掌握学习策略后能够增强自主学习的能力。所谓授之以鱼不如授之以渔,通过学习策略的训练,学习者相当于掌握了终身学习的钥匙之一。

2.3.2　环境因素

环境因素是指存在于学习者自身外部的相关因素。学习者因素属于个体小环境,是内因。而内因离不开外因的影响,即更宽泛的社会大环境。目前,从研究数量上、研究深度上来看,学界对外因的研究略逊色于对内因的研究。社会大环境是个复杂系统,既有实实在在的物质层面环境,也有略为抽象的社会文化层面,而且具体环境和抽象环境也不是截然分开,而是交织在一起的。所有这些因素都可能在培养和提高学生自主学习能力时综合起来,成为促进性环境(facilitating environment)(Grolnick & Ryan,1987)。

2.3.2.1　教学环境因素

2.3.2.1.1　场所和资料等物质条件

我们认为,教学环境首先指学校。学校是学生接受教育和获得知识的主要场所,因此学校是否能营造良好的自主学习环境就尤为重要。学校要尽可能为学生提供必要的自主学习场所、资料等方面的支持,包括但不限于:

(1)提供实践实习基地。

(2)有充足的适合自学或者小组学习所需的场所。

(3)有必要的多媒体设施(智慧教室)等,有顺畅的网络。

(4)图书馆具有丰富的文献资料,可以是书籍、影像资料,电子资料或者网络学术资源。

2.3.2.1.2　教学理念和教学管理机制等软性条件

学校的教育理念、教学管理机制、教学模式与教学方法、教育技术等偏软性条件同样重要。李晓鹏(2017:33)曾引用了一项对大学生所处的大学学习环境的调查。该调查显示,学校课程设置、网速、学校评价方式、社团文化等对大学生的自主学习有显著影响。学校的育人目标是什么,想要培养具备哪些能力的学生,提供哪些必要的支持条件等,这些教育理念会深刻地体现在教学管理的细枝末节之处。

2.3.2.2　教师和同学因素

教师和同学虽然是学校组成的重要成员,但因为对自主学习有着重要的影响,故而单独阐述。

2.3.2.2.1　教师

在自主学习模式中,学习者是学习的中心和主体,但"自主学习绝不是没有教师参与的学习"(Sturtridge, 1997)。对于教师角色的重新定位是自主学习研究的重点之一(Wright, 1987;Williams & Burden, 1997;Voller, 1997;Gardner & Miller, 1999;华维芬,2001;王艳,2007b)。有大量研究认为,教师是必不可少的引导者、促进者、中介者、顾问、协调者和信息资源,而不仅仅是管理者、监督者和评估者。一般来说,教师可以通过培训,使学生具备管理自己并对自己的学习负起责任的能力。在自主学习的各个环节中,教师都可以适时适当地给予学生指导。在促进学习者自主学习方面,徐锦芬(2007：79—80)为教师提供了以下几个建议：首先,结合课堂教学促进学习者自主。教师应从课堂的主宰者逐渐切换到课堂活动的组织者、管理者、学习资源和参与者。在确保课堂活动顺利进行的前提下,支持学习者进行自主学习的尝试,并从旁指导。其次,通过策略训练促进学习者自主。在此之前,教师必须首先对学习者的学习情况做到心中有数,方能有的放矢,为学习者提供具有针对性的建议,帮助他们设定学习目标,制订学习计划。同时,教师要通过认知策略的培养帮助学习者了解、掌握并内化各种学习策略技巧。再次,通过一系列手段监控学习者的学习过程及对学习策略的运用。在必要的时候,教师还应扮演督促者的角色以帮助那些尚未达到自主程度的学习者达到自主学习的目标。

从 20 世纪 90 年代起,学者们逐渐意识到学习者自主学习能力的培养和提高离不开教师,"教师自主"(teacher autonomy)被认为是"学习者自主"的发展前提,引起外语教学界的关注(王毅,2016：57)。Smith(2003)认为,在讨论学习者自主时,应该把教师自主性当作一个不可或缺的有机部分。

2.3.2.2.2　同学/同伴

自主学习的具体实践可以是个体行为,也经常是小组合作行为,需要借助同伴的力量。因此良好融洽的同学关系有助于使学习成为一种愉悦的体验,更高效地完成学习任务,从而提高学习的主动性和积极性,在一定程度上促进学习动机,增强学习自我效能感,端正学习态度。同时,在合作学习时,学生之间能借鉴各自的学习策略,取长补短,共同进步,有利于自主学习能力的培养和提高。

课堂外的自主学习同样如此,必然要借助同伴的帮助和支持。如交个中国朋友,并通过这位中国朋友扩大了在中国的交际圈,有了更多的运用汉语的场景和机会。

2.3.2.3　社会环境因素

2.3.2.3.1　社会文化

学习者的学习动机、态度、信念、行为、学习价值观等必然会受到社会文化环境的影响。例如,我国传统文化一直强调尊师重教,崇尚的是师道尊严,以教师为中心。多数学生习惯被动学习,死记硬背,老师教什么就学什么,依赖老师和家长的监督。全社会普遍注重知识的传授,而忽视科学精神和方法的培养。成绩第一位的应试教育观念深入人心,而创造创新能力、合作意识、独立思考能力的培养还有待提升。

自主学习的文化适应性问题也是研究的重要主题之一。作为西方社会文化产物的自主学习理念在东方文化背景是否适用? 不少学者已经对此进行了探讨,目前主要有 3 种结论:不合适、改变后适应和合适(欧阳建平,2009: 28)。

2.3.2.3.2　社会环境

我们常说,社会是个大学校。对第二语言学习来说,尤其如是。对学习汉语的二语学习者来说,课堂是学习的主要场所,但不是唯一场所。对某些汉语二语学习者来说,课堂外的世界反而给他们提供了广阔的天地,特别是互联网时代的到来,现代信息技术迅猛发展,可供这些二语学习者自主学习的渠道非常多样,如影视文学作品、抖音、微信和汉语学习 App、与本地人的交流、实习工作、参加汉语比赛等。语言就在日常生活里,每时每刻每处都是学习汉语的好机会。因此,汉语二语学习者是否有渠道有效接触并融入中国社会大环境,是否能在课堂外获取足够的语言输入并产生足够的语言输出,也是他们自主学习的重要组成部分。

第三章 汉语二语学习者自主学习 "心理—能力—行为三维 模型"的构建和量表制订[①]

3.1 自主学习程度的差异及测量

3.1.1 程度差异

很多研究发现,自主有程度的区别,如 Nunan(1997：192)称之为"degree of autonomy",而 Benson(2007：23)称之为"a matter of degree",即学习者自主在程度上存在一定的差异性,完全意义上的自主学习和极端的完全没有自主学习都是很少见的(王毅,2016：40),大多数自主学习介于两者之间(Zimmerman, 1989)。"完全的自主学习者只能是一种理想,而不可能是现实"(Nunan, 1997：192—193)。学者们纷纷提出,学习者自主发展存在多个层次或阶段,如 Nunan(1997：195)的"五层次自主模型"(awareness、involvement、intervention、creation、transcendence), Littlewood (1997：83) 的"三维发展模型"(autonomy as a communicator、autonomy as a learner、autonomy as a person),还有 Scharle & Szabó(2000：1)的"三阶段发展过程"(raising awareness、changing attitudes、transferring roles)等。这些研究捕捉到了个体在自主学习程度上存在差异的事实,同时也提出了学习者自主可以从一个层次向另一个层次发展的可能性。我们的研究基于此构建模型,设计量表来测量自主

---

① 本章由笔者和陈舒敏同学共同完成。

的程度(学习自主性的高低),并研究自主程度的影响因素等。我们认为,确定学习者自主学习的程度,是把自主学习融入语言教育中的前提,也是促进、培养和提升学习者自主学习发展的前提。

3.1.2　量表及测量研究现状

学界有关自主学习测量的研究虽不在少数,但是对学者们所提出的量表一直都存在争议,目前尚未有一份较为权威的量表能够广泛应用于各学校或教育机构。

究其原因,可能有以下几方面:首先,自主学习是一个多维而复杂的概念,其所涵盖的内容很难准确定义。换言之,我们能够通过观察法研究学生在行为上表现出的对其学习过程的控制,但却无法证明学生的一系列行为表现就是自主学习的含义所在。其次,自主学习既不是一成不变的,也没有放之四海皆准的标准。一方面,随着学习者不断学习,其语言水平不断提高,同一学习者在不同阶段对自主学习的认知及其自主学习行为都会有所不同;另一方面,学习者不同的文化背景、不同的学习环境以及不同的学习经验都会对其自主学习产生影响。因此,本研究认为,对自主学习的测量必须与学习者所在的学习环境、学习背景等相关情况相结合,而不能简单地采取"拿来主义"而不加区分地使用量表对学习者进行测量。这不仅无法达到评估学习者自主学习的目的,甚至会对学生的自主学习能力的培养产生负面影响。

当前,学界有关自主学习测量的研究不在少数,大体上有两种取向:一种把自主学习看成一种能力(aptitude);另一种把自主学习看成一种事件(event)或学习活动(activity)(庞维国,2003)。如Guglielmino(1977)的"自主学习准备量表"(Self-Directed Learning Readiness Scale)从态度、信念、行为和技能等8个维度检验学生的自主学习准备情况。Nunan(1997)着眼于学习者对学习内容和学习目标的控制程度,将自主学习的发展程度分为了5个等级:意

识、参与、干预、创造以及超越。Chan、Spratt 和 Humphreys(2002)
通过建立认知—能力—行为三维互动框架对学习者的自主学习进
行测量,在认知方面考察学生的动机以及态度;在行为和能力层面
考察学生在课堂内和课堂外的决策能力和学习管理能力,而认知、
能力和行为这三个维度又是相互影响和作用的。但在其问卷的设
计中,作者对每个维度的测量都严格区分了课内和课外两个情境,
却没有考虑到,对于课内的活动,学习者其实在很大程度上是没有
决策权的,如课上的学习活动以及对活动持续时间的把握等。将
这部分内容归入自主学习中显然有些不合适。与其他学者不同,
Williamson(2007)不仅在学习者的意识、策略、活动和评估方面进
行考量,更加入了"沟通"这一维度,即自主学习不仅仅意味着学习
者独自学习,学习者还应该具备人际沟通能力,即能够充分自如地
表达自己的观点,并且能够在合作与分享中习得语言。但该量表
对"意识"这一维度的定义较为模糊,部分问题与学习管理能力和
行为等其他维度等重合。整体而言,量表的框架缺乏系统性。
Le Nguyen(2008)在其文章中对越南大学生的自主学习进行测量,
从自我驱动(self-initiation)和自我规范(self-regulation)两方面对
学习者进行考察,但该量表只涉及了学习者的动机和行为两个维
度,对学习者的能力层面没有做进一步的讨论。

　　国内对自主学习测量的研究不多,且大多集中于外语教学,所
采用的测量多沿用国外一些量表,并未详细解释量表的理论依据
及其适用性。只有少数几个学者根据国内的教育情况自行设计量
表,如 Xu(2009)从学习者的学习观念、目标设定、策略使用、过程
监控和自我效能五个方面对大学生英语自主学习进行测量。该量
表在信度和效度检验上都有较为可靠的依据,已被较为广泛地使
用。胡杰辉(2011)基于自主学习的"责任行动说""学习控制说"和
"意志能力说"构建了包含主观意志和客观能力两个维度的外语自

主学习能力评价模型,并据此编制了一份自主学习能力测量量表。该量表从学习者的意志和能力两方面入手,对自主学习能力进行考察和评估。可以发现,Xu和胡杰辉对自主学习能力的测量范围只限定在了学习者的心理层面(如学习态度、自我效能感和意志等)和能力层面(如学习管理、策略使用和自我监控等)。而林莉兰(2013)通过建立"心理—能力—行为"三维构念,编制了一份自主学习能力的量表。相比上述两位学者的量表,林莉兰将"行为"这一维度也纳入了考量范畴,从实际行为方面对自主测量进行验证。但该量表在能力维度只涉及学习管理能力,且心理维度和能力维度的考察存在交叉,界限不明晰,缺乏一定的系统性。此外,除了通过设计问卷测量学习者的自主学习能力,王艳(2007a)通过让学生记录学习日记的方式探究自主学习行为与自我感知成效。研究者通过学习者在学习日记中记下的学习计划、学习目标、学习反思等对学习者的自主学习行为进行考量。但该研究属于教学实验,学习者在该学习过程中的行为在一定程度上并不是完全自主的,所以其研究具有一定的局限性。

以上的研究都集中于英语二语教学领域,而在国际中文教育领域中,对汉语二语学习者自主学习的评估研究尚未得到充分的发展。郝红艳(2015)针对汉语言本科留学生这一特殊群体,提出了自主学习能力的评估原则:创造性原则、开放性原则和多元综合原则,并提出了相应的评估方法,主要包含问卷法、试卷测试法、观察法和档案袋评估等。该研究以思辨为主,并未进行实际的测量。

纵观国内外对自主学习测量的研究,我们发现这些量表存在某些共性,如大部分的量表都关注学习者的学习管理能力和学习态度,这说明即使学界对自主学习的测量维度并未有完全统一的标准,但对自主学习这个概念存在一定的共识。当然,不同的量表还是存在着一些差异,这主要是由于不同的学者对自主学习的定义以及所依据的理论有所不同。与此同时,学习者不同的背景信息,对问卷的设计也会产生影响。因此,对自主学习测量的编制首先需要有坚实的理论框架,并根据学习者的情况及其学习环境的特点,因时、因地、因人制宜才能有的放矢。

3.1.3　自主学习与成绩的相关性

教育心理学和二语教学领域对学习者自主与学业成绩的关系早有研究,但仍未有定论。从理论上来说,自主学习者应该是学业的高成绩者,因为自主学习者的学习动机、元认知策略和学习行为都呈现积极的态势,有利于提升学习成绩。国内多项研究也验证了自主学习能力与学习成绩二者之间呈现显著的正相关关系,即自主学习能力对学习成绩具有一定的预测性(张彦君,2004;高鹏、张学忠,2005;吴喜艳、张庆宗,2009;谭霞、张正厚,2015)。另一种声音则认为"自主学习与学习成绩之间绝不是一种简单的因果关系,关于自主学习与学习成绩之间的复杂关系有待于进一步研究"(庞维国,2000)。如 Ablard & Lipschultz(1998)的实证研究发现,高成绩的自主学习者之间也可能存在差异,这种差异或许与他们的成就目标不同有密切关系。尹华东(2014)发现,与对照班相比,有的实验班在自主学习能力提高的同时其测试成绩也显著提高,但有的实验班的自主学习能力虽然显著提高了但其测试成绩和对照班相比并无统计意义上的显著差异。

3.2　汉语二语学习者自主学习"心理—能力—行为三维模型"的构建

本研究综合前人对自主学习的定义,认为自主学习作为整体是一个包含心理、能力和行为三个维度的多维概念,详见图 3.1。

即在心理层面上,学习者具备对自己学习负责的动机、信心和态度;在能力层面上,学习者具备相应的学习管理能力和策略使用能力;在行为层面上,学习者能够在实际中表现出自主学习的行为。心理为动力,能力为基础,行为为载体,有内隐层面也有外显层面,内外兼备互通,共同组成了自主学习评价体系。

图 3.1　自主学习"三个层面"

　　因此,要对学习者自主学习进行评估和测量,也必须从这三个维度进行。在此基础上,本研究通过建立"心理—能力—行为三维模型"并据此设计测量量表,对学习者的自主学习进行综合的测量和评估。我们的"自主学习"侧重学习者学习的自主性,认为这是学习者的个人属性,量表得分高,意味着该学生学习自主性高,会较为顺利地开展自主学习活动,其自主学习程度高。

　　在心理维度下,本研究将其细分为学习动机、自我效能感和学习态度。

　　首先,动机是"人们为达到或避免某种经验或目标所作出的选择以及愿意为此付出的努力程度"(Keller, 1983:389)。简单来说,动机作为一种内在驱动力,决定了个体的选择、行动以及坚持的时间。

　　其次,自我效能感指的是个体对于自身在实现某个特定目标的过程中所需的能力的自我判断,即个体的自信心在特定任务中的具体表现(Bandura 1977、1986、1997)。Schmenk(2005)认为自我效能感是学习者自主学习的前提条件。因为只有当学习者意识到自己的能力,并对自身的能力有着积极的判断后他们才会主动承担起学习责任,并有意识地控制自己的学习过程。通过影响学习者的目标设置、自我监控与评价以及学习策略的使用过程,自我效能感也会影响学习者的自主学习能力(Zimmerman,2000)。

最后,学习态度指的是"学习者对自己在学习中应承担责任的认识,以及对自己学习能力的评价"(徐锦芬,2007:69—70),属于元认知知识的一部分。

在能力维度下,本研究将其细分为学习管理能力和学习策略使用能力。首先,学习管理能力的测量来源于 Holec(1981)对自主学习的最初定义:学习者对整个学习过程的控制,具体包括确定学习目标,决定学习内容,选择学习方法,监控学习进程,评估学习效果等。而关于学习策略,我们采用 O'Malley & Chamot(1990)的经典分类。

Benson(2005)认为,学习者在自然环境下表现出来掌控自己学习的行为,这才能真正作为学习者自主学习的证据。陈钰(2020)通过设置课后自主学习任务发现,"自主性"有利于培养学生的汉语水平的发展。因此,本研究将行为维度纳入自主学习的量表当中,并将其细分为课内的自主学习行为和课外的自主学习行为。

综上,本研究提出"心理—能力—行为"三维模型,从心理、能力和行为三个维度对学习者的自主学习进行测量,并进一步提出假设:三个维度之间互相影响,构成了双向作用的环状。即心理层面的准备能促进自主学习能力的发展,能力的提升也能增强心理层面的意愿和信心;能力的培养将促成自主学习行为的积极产生,自主学习行为也将增进能力的发展;心理层面的准备能推动自主学习行为的发生,自主学习行为也能增强心理层面上的各个方面。可以用图 3.2 表示。

图 3.2　自主学习三维模型

3.3　量表和问卷编写说明

在心理维度方面，首先，本研究基于 Gardner 和 Lambert(1972)提出的融合型动机和工具型动机以及 Deci 和 Ryan(1985)提出的内在动机和外在动机，从动机类型、动机强度和动机驱动三个层面对学习者的动机进行测量。其次，本研究参考了学界较为成熟的自我效能感测量表 The Morgan-Jinks Student Efficacy Scale (MJSES)，测量学习者对自身达成目标、解决问题能力的态度和信心。最后，本研究围绕设定学习目标、制订学习计划、决定学习内容、选择学习材料、监控学习进程、评估学习效果等方面测试学习者是否具备"主人翁"的学习态度。

在能力维度方面，首先，学习管理能力的测量来源于 Holec (1981)对自主学习的最初定义：学习者对整个学习过程的控制。而学习者对学习过程控制的具体内容与学习态度部分重叠，为了区分"态度"和"能力"，本研究在表述上略有不同：在测量学习态度的时候，表述为"我认为……"，而在测量学习管理能力的时候，则表述为"我能够……"。其次，本研究根据 O'Malley & Chamot (1990：44—46)将学习策略细分为元认知策略、认知策略、社会／情感策略，并结合汉语学习的真实情况，设计了题项以测试学习者的策略使用能力。

在行为维度方面，本研究将其分为课内自主学习行为和课外自主学习行为。课内的自主行为主要指学习者在课内(课堂)学习过程中的自主行为，如课前预习、课后复习、课上主动做笔记、主动提问等；而课外的自主学习主要指学习者积极利用课外学习资源的自主行为，如参加与中文相关的比赛或活动、用汉语在微信等社交媒体上记录、有意识地使用汉语进行日常交流等。

综上,本研究构建了自主学习"心理—能力—行为三维评估模型",并根据构建的模型编制了调查问卷。模型框架详见图 3.3。

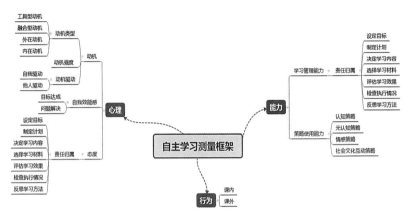

图 3.3 自主学习评估量表框架

调查问卷分两部分。第一部分是问卷的主体,即根据"心理—能力—行为"三维模型设计的自陈式量表,共 50 题。其中,心理维度共计 18 个题项,包括学习动机、自我效能感和学习态度;能力维度共计 20 个题项,包括学习管理能力和策略使用能力;行为维度共计 12 个题项,包括课内自主学习行为和课外自主学习行为。

学习者需要对这三个维度、七个方面一一自测,以自测分数作为判断其学习自主性的依据。

量表采用李克特五度测量表,1—5 分别表示"完全不符合我的情况""通常不符合我的情况""有时符合我的情况""通常符合我的情况"以及"完全符合我的情况"。需要注意的是,学习自主性是动态发展的,本研究设计的量表反映的是当下的学习自主性。

问卷的第二部分是基本信息,包含被调查者的性别、年龄、国籍、班级、学习汉语的时间以及掌握的外语数量。由于后续研究需要涉及这些参与者的课程成绩,因此参与者还需填写学号或姓名。最后,为了方便后续的访谈需要,参与者还可以自愿填写联系方式。问卷的题项分布详见表3.1。

表3.1　自主学习三维评估问卷题项数量分布

心 理 维 度			能 力 维 度		行 为 维 度		基本信息	总计
动机	自我效能感	学习态度	学习管理能力	策略使用能力	课内	课外		
6	4	8	8	12	6	6	10	60

由于本研究的研究对象是来华高校汉语二语学习者,所以在问卷设计中,本研究提供英汉双语版本,经校对后形成初始问卷。通过与两位汉语教师讨论,对其中几个题项进行了修改,再次确定了问卷的三个维度、七个方面的主要内容。最后,经过两次试测,对问卷中的用词以及其他易造成歧义的语句进行修改,最终形成定稿。

3.4　问卷测试和结果分析

3.4.1　研究对象

本研究的研究对象为复旦大学国际文化交流学院的汉语语言生[①],共涉及五个学段共计11个班级。其中,A、B两段代表初级水平,E段代表中级水平,H、I两段代表高级水平,详见图3.4。最终收集的问卷为145份,去除掉无效答卷后,共收集有效问卷112份。

---

① 这些汉语语言生是汉语二语学习者,因为在中国高校学习,亦属于来华留学生之列。在下文具体陈述时,有时候两个名称混用。

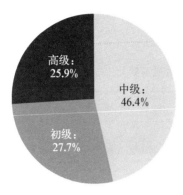

图 3.4　调查问卷研究对象情况

其中初级水平 31 份,中级水平 52 份,高级水平 29 份。

在 112 名研究对象中,共有男性 46 人,女性 66 人,分别占比 41.1％和 58.9％。从国别分布来看,本阶段的研究对象的国别分布十分广泛,共来自 29 个不同的国家,其中来自日本、韩国、英国、泰国、美国和俄罗斯的人数较多,分别占比 25％、9.8％、8％、7.1％、7.1％和 5.4％,见图 3.5。

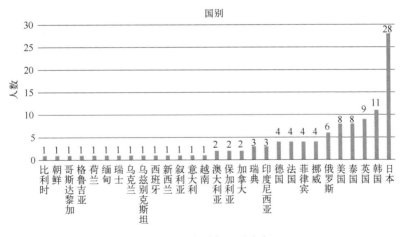

图 3.5　研究对象国别分布

从年龄分布来看,研究对象的年龄跨度很大,从 18 至 61 岁,但总体而言,绝大部分学习者的年龄为 21 至 25 岁,详见图 3.6。

最后,本研究还对学习者的语言背景进行了调查,其中绝大部分学习者都掌握了两种以上的外语,属于多语者,拥有较丰富的语言学习经验,见图 3.7。

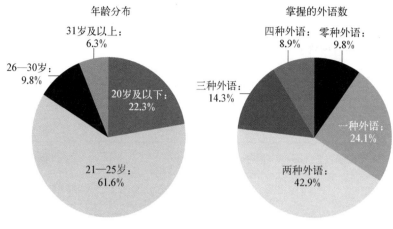

图 3.6　研究对象的年龄分布　　　图 3.7　研究对象的语言背景

3.4.2　量表的信度和效度

我们首先验证量表的信度和效度,见表 3.2。

表 3.2　自主学习三维评估量表信度分析

	总量表	心　理	能　力	行　为
Cronbach's α	0.935	0.776	0.925	0.834

我们将收集到的数据进行内在一致性(Cronbach's Alpha)信度检验。经测量,本量表的 Cronbach's α 值为 0.935,大于 0.9,心理、能力和行为三维的 Cronbach's α 值均大于 0.7,说明研究数据信度质量很高。针对"项已删除的 α 系数",分析项被删除后的信度系数值并没有明显提升,因而说明题项全部均应该保留,进一步说明研究数据信度水平高。针对"CITC 值",分析项对应的 CITC 值全部均高于−0.1,因而说明分析项之间具有良好的相关关系,同时也说明信度水平良好。

在进行因子分析前,要求观测变量呈线性关系,因此首先要进行线性检验,检验问卷的结构效度。我们对 50 个题项进行探索性因子分析,KMO 球形检验和 Bartlett 球形检验结果见表 3.3。

表 3.3　自主学习三维评估量表效度分析

KMO 和 Bartlett 检验		
取样足够度的 Kaiser - Meyer - Olkin 度量		0.805
Bartlett 的球形度检验	近似卡方	3 259.678
	df	1 176
	Sig.	0.000

可知 KMO = 0.805(>0.700),Bartlett 的球形度检验 p = 0.000,说明量表项目适合进行因子分析,数据有良好的线性关系,效度很高。

3.4.3　三个维度的关系

本研究假设心理、能力和行为三个维度之间是两两双向影响的。我们对数据进行线性回归分析,用以验证该假设。见表 3.4。

表 3.4　心理和能力维度与行为维度的线性回归分析

自变量	因变量	非标准化系数		标准系数	t	Sig.	共线性统计量	
		B	标准误差	Beta			容差	VIF
心理维度	行为维度	−0.065	0.107	−0.062	−0.610	0.543	0.504	1.985
能力维度		0.470	0.068	0.699	6.864	0.000	0.504	1.985

可知心理维度对行为维度没有显著影响($\beta = -0.065$, $p = 0.543 > 0.05$),能力维度对行为维度有显著正向影响($\beta = 0.470$, $p = 0.000$)。

表 3.5　行为和心理维度对能力维度的线性回归分析

自变量	因变量	非标准化系数		标准系数	t	Sig.	共线性统计量	
		B	标准误差	Beta			容差	VIF
行为维度	能力维度	0.642	0.094	0.432	6.864	0.000	0.815	1.227
心理维度		0.809	0.098	0.519	8.242	0.000	0.815	1.227

可知行为维度对能力维度有显著正向影响($\beta = 0.642$, $p = 0.000$),心理维度对能力维度有显著正向影响($\beta = 0.809$, $p = 0.000$)。

表 3.6　能力维度和行为维度对心理维度的线性回归分析

自变量	因变量	非标准化系数		标准系数	t	Sig.	共线性统计量	
		B	标准误差	Beta			容差	VIF
能力维度	心理维度	0.475	0.058	0.740	8.242	0.000	0.571	1.751
行为维度		−0.052	0.086	−0.055	−0.610	0.543	0.571	1.751

可知能力维度对心理维度有显著正向影响($\beta = 0.475$, $p = 0.000$),行为维度对心理维度没有显著正向影响($\beta = -0.052$, $p = 0.543 > 0.05$)。

综合以上数据,我们可知,心理维度与能力维度互相具有显著的正向影响,能力维度与行为维度互相具有显著的正向影响,而心

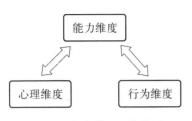

图 3.8　自主学习三维模型

理维度与行为维度之间互相不具有显著的正向影响关系。三个维度之间的关系见图 3.8。

因此我们需要调整最初的假设,心理维度与能力维度之间是双向正向影响的关系,能力维度与行为维度之间也是双向正向影响的关系,而心理维度与行为维度之间没有互相产生直接影响。即学习者的心理会促进能力的发展,而能力提升的结果也会反过来对心理产生积极作用,二者互相促进。学习者的能力会体现在行为上,而经年累月的行为也会利于能力的发展,二者同样互相促进。但仅仅是心理层面的因素并不会对学习者的行为产生直接影响,行为也不会直接促进心理层面的提升。这二者之间需要能力维度作为纽带。也就是说,该模型体现了两条作用链:第一条作用链为心理层面的准备能促进自主学习能力的提高,而能力的发展最终将促成自主学习行为。第二条作用链与第一条是反向的,即实际学习中的自主学习行为能促进能力的发展,而能力的提升也会坚定心理层面的意志和增强自信。

3.5　本　章　总　结

从已有研究可知"自主学习"是一个复杂的、多维的概念,对它的测量也应该遵循多元综合的原则。本研究认为"自主学习"是个整体概念,可以从心理、能力和行为三个维度进行考察,并据此建立"心理—能力—行为三维模型"。我们还根据模型制订了自主学习量表,并通过问卷调查法对汉语二语学习者的自主学习进行评估和测量。该量表侧重于评测汉语二语学习者的学习自主性,反映的是学习者的自主学习程度,属于学习者的个人属性。

在建立"心理—能力—行为三维模型"时,我们假设此三个维度是两两双向影响的。但经过统计分析,我们修订了最初的假设。我们发现心理维度与能力维度是双向正向影响的关系,能力维度与行为维度是双向正向影响的关系,而心理维度与行为维度没有直接的影响关系,需要借助能力维度作为中介。

此研究结果对实际教学具有一定的启发。随着现代教学理念的推广和普及,目前汉语国际教育学界也开始重视以"学生为中心"理念来改革教学,也意识到学生自主学习的重要性。有识之士纷纷开始进行培养学生自主学习能力的探索。本研究给出了三个可能的思路:其一,可以针对学习者的学习动机、自我效能感和学习态度进行干预和教育;其二,要指导学习者不断尝试并找到适合自己的学习管理技巧和汉语学习策略;其三,在课内和课外营造适宜的环境,给予必要的自主学习条件,鼓励和督促学生自主学习。只有当学习者的"软件"和"硬件"配套齐全后,才能真正将学习者的学习自主性发挥到最佳,心理上有动力,能力上有准备,行为上有实践,从而提高其汉语水平。

第四章　汉语二语学习者自主学习的量化和质化研究[①]

4.1　研究问题与假设

本章将采用量化和质化的方法研究以下问题,以期在国际中文教育事业大踏步发展的新形势下提高汉语二语学习者的学习自主性,推动提升教学质量和效果:

第一,汉语二语学习者的学习自主性与汉语成绩之间是否存在相关关系?

第二,不同汉语水平的学习者的学习自主性之间是何种关系? 不同汉语水平的学习者的学习自主性与汉语成绩是否存在相关关系?

第三,高学习自主性汉语二语学习者的特征是什么? 学习自主性的影响因素有哪些?

4.2　研　究　方　法

本研究将采用量化和质化的方法进行研究。

本研究第一阶段采用第三章详细介绍的调查问卷评估汉语二语学习者的学习自主性。

问卷中涉及学生姓名和学号,是为了便于收集这些学生的汉

---

① 本章由笔者和陈舒敏同学共同完成。

语精读课成绩作为衡量他们汉语水平的标准。之所以选择精读课成绩,主要出于以下两个原因:第一,该高校语言进修班的课程根据语言技能分为听说读写四大模块,而精读课相比其他技能课而言,对留学生的语言综合能力要求更高,因此能相对全面地反映学生的汉语水平;第二,相比其他课程,精读课所占的课时和学分最多,学生对该门课的投入也相对较多。

本研究第二阶段为访谈研究,从第一阶段被调查者中选择若干学生进行一对一访谈。研究采用半结构式访谈,以前期调查问卷为基础设计访谈提纲,访谈内容共计 20 道题,大体围绕"心理—能力—行为"三个维度了解这些学生的学习自主性,探究影响留学生学习自主性发展的内外部因素。

4.3 研 究 对 象

本研究第一阶段的研究对象为国内某高校国际文化交流学院汉语语言生。[①] 该高校的汉语语言进修生根据汉语水平从低至高分为 A 至 I 段,每个等级有数量不一的平行班。本研究选择 A 段、B 段、E 段、H 段和 I 段作为研究对象,其中,A、B 两个学段对应初级水平,E 学段对应中级水平,H 和 I 学段对应高级水平。最终收集的问卷共 145 份,去除无效答卷后,共收集有效问卷 112 份,其中初级水平 31 份,中级水平 52 份,高级水平 29 份。

本研究第二阶段所选择的 7 位访谈对象的汉语成绩都在 85 分以上,并在前期的调查中取得了较高的分数,其学习自主性平均分为 190.7,属于学习自主性较高的汉语学习者。这 7 位同学来自 7 个国家,既有亚洲,也有欧美,分布较为广泛。在访谈阶段选取学

---

① 在第三章已有详述。

习自主性较高且汉语成绩较好的留学生,能够有效且详细地了解他们在来华后的自主学习情况,并进一步分析如何培养留学生的学习自主性,从而提高汉语成绩。表 4.1 是访谈对象的具体情况①。

表 4.1　访谈对象基本情况

序号	姓名	性别	年龄	国别	语言背景	汉语学习时间	学习自主性得分
1	A	女	35	韩国	3 种	七个月到一年	180
2	B	女	25	越南	3 种	七个月到一年	184
3	C	男	25	德国	5 种	一到两年	191
4	D	女	26	日本	2 种	一到六个月	190
5	E	女	22	保加利亚	2 种	两到三年	196
6	F	女	21	挪威	3 种	三年以上	197
7	G	女	29	土耳其	3 种	七个月到一年	197

4.4　研　究　过　程

本研究主要分为两个阶段,第一个阶段是问卷调查阶段,在该阶段,问卷的数据收集时间主要在该高校国际文化交流学院语言生分级考试前一至两周,通过问卷星线上收集问卷。我们分别到语言生 A、B、E、H、I 五段共 11 个班级中收集问卷,由学生自愿扫码填写;而有关学习者分级考试中精读成绩的收集,则是通过向该高校国际文化交流学院的院领导申请,只收集本研究中涉及的学生的成绩,

---

① 　为保护研究对象的隐私,本研究涉及的所有研究对象的名字使用英文字母代替。

并对所收集数据绝对保密。第一阶段的数据收集大致在 2019 年 11 月中下旬全部完成,此后,我们对所收集的数据进行重新整理和编码,后采用 SPSS 数据分析软件进行分析,分析结果详见下文。

本研究的第二个阶段是访谈调查,共找到 7 名留学生自愿参加访谈。访谈对象的寻找方法主要有两种。第一种是通过前期问卷调查的基本信息收集,我们向自愿留下联系方式的学生发了访谈邀请,其中有三名同学回复表示愿意参加;第二种是通过"滚雪球"的方法,由愿意参加访谈的学生介绍他们的朋友或同学参加访谈。最终确定 7 名留学生参与本研究的访谈。这 7 名学生都为中高级汉语学习者,也都参加了前期的问卷调查。

访谈提纲主要针对自主学习测量表的心理、能力和行为三个维度分别深入了解访谈对象的自主学习情况,并鼓励学习者对中国高校的学习环境给出评价和改进意见。访谈地点设于学校附近的咖啡厅,经学生同意后现场录音。每段访谈约持续一个小时,最终共收集近 9 个小时的录音文件,并通过讯飞机器转写、人工校对等方式转写为约七万字的文档。在后期分析阶段,我们根据访谈提纲将 7 名访谈对象的访谈内容从学习自主性发展的内外部因素两部分进行分析。

4.5　问卷调查研究结果——量化证据

本研究共涉及两个调查阶段:问卷调查和访谈调查。本节将对第一个阶段的研究发现进行说明和解释。

4.5.1　整体分析:学习自主性与汉语成绩的相关性分析

我们首先分析来华高校汉语二语学习者的学习自主性与其汉语成绩之间的相关关系,并进一步就问卷中涉及的七个方面分析其对汉语成绩的影响。

4.5.1.1　汉语二语学习者的学习自主性概况

首先,整体而言,在总分为250分的自主学习测量表中,112名学习者的平均分数为184.8。其中最小值为110分,最大值为242分,说明不同学习者存在较大差异。个体平均分为3.70,表明学习自主性为中等①。心理维度、能力维度和行为维度的各项平均值从3.77到3.73再到3.52呈递减趋势。表4.2为112名学习者的汉语学习自主性数据。

表4.2　汉语学习自主性概况

名　称	总分	最小值	最大值	平均值	标准差	中位数	题目数	平均分
心理维度	90	48.0	86.0	67.89	8.060	67.0	18	3.77
动机	30	15.0	30.0	22.88	3.216	23.0	6	3.82
自我效能感	20	7.0	20.0	14.61	2.703	15.0	4	3.65
学习态度	40	18.0	40.0	30.38	5.096	30.0	8	3.80
能力维度	100	27.0	100.0	74.65	12.574	76.0	20	3.73
学习管理能力	40	8.0	40.0	29.05	5.692	30.0	8	3.63
策略使用能力	60	19.0	60.0	45.60	8.036	46.0	12	3.80
行为维度	60	19.0	60.0	42.28	8.458	42.0	12	3.52
课内行为	30	9.0	30.0	22.50	4.82	23.0	6	3.75
课外行为	30	8.0	30.0	19.70	5.24	20.0	6	3.28
学习自主性	250	110.0	242.0	184.82	25.21	185.50	50	3.70

---

①　我们将学习自主性等级标准定为:得分≤3为差;3<得分≤3.5为中下;3.5<得分≤4为中;4<得分≤4.5为中上;4.5<得分≤5为高。

我们进一步分析发现,大部分学习者的分数集中在 164—200 分,整体呈正态分布,详见图 4.1。

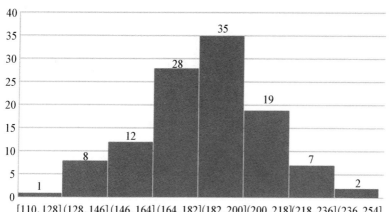

图 4.1　汉语学习自主性分数分布图

4.5.1.2　学习自主性对汉语成绩的显著正向影响

本研究采用 Pearson 相关系数对汉语学习者的学习自主性得分与其精读课成绩进行相关分析。我们发现,二者的相关系数值为 0.323,并且呈现出 0.01 水平的显著性,说明学习自主性和成绩之间有着显著的正相关关系,详见表 4.3。

表 4.3　汉语学习自主性与汉语成绩 Pearson 相关系数分析

相关系数	**0.323****
p 值	0.01

* $p < 0.05$　** $p < 0.01$

在此基础上,我们进一步将学习自主性作为自变量,将汉语成绩作为因变量进行线性回归分析,从表 4.4 可以看出,模型 R

平方值为 0.105,意味着自主学习性可以解释成绩 10.5% 的变化原因。对模型进行 F 检验时发现模型通过 F 检验($F=12.854$, $p=0.001<0.05$),说明学习自主性一定会对成绩产生影响,模型公式为:成绩 $=50.305+0.166^*$ 学习自主性。学习自主性的回归系数值为 0.166($t=3.585$, $p=0.001<0.01$),意味着学习自主性会对成绩产生显著的正向影响关系,也就是说学习者的学习自主性越高,其汉语成绩也越好。

表 4.4　汉语学习自主性与汉语成绩线性回归分析结果

	非标准化系数		标准化系数	t	p	VIF	R^2	调整 R^2	F
	B	标准误差	Beta						
常数	50.305	8.620	—	5.836	0.000**	—			$F(1, 110)=$
学习自主性	0.166	0.046	0.323	3.585	0.001**	1.000	0.105	0.096	12.854, $p=0.001^{**}$

因变量:成绩
D - W 值:1.850
* $p<0.05$　** $p<0.01$

4.5.1.3　细分方面与汉语成绩的相关性

整体分析之后,我们还进一步分析了学习动机、自我效能感、学习态度、学习管理能力、策略使用能力、课内自主学习行为和课外自主学习行为等七个方面与汉语成绩之间的相关关系。研究发现,学习动机和课外自主学习行为与留学生的汉语成绩无显著相关性,而留学生的自我效能感、学习态度、学习管理能力、策略使用能力和课内自主学习行为都与其汉语成绩呈显著正相关关系,特

别是学习态度和课内自主学习行为与汉语成绩呈现出 0.01 水平的
显著性,详见表 4.5。

表 4.5　细分方面与汉语成绩的相关分析

		动机	自我效能感	学习态度	学习管理能力	策略使用能力	课内学习行为	课外学习行为
成绩	相关系数	0.147	**0.218***	**0.347****	**0.207***	**0.214***	**0.339****	0.152
	p 值	0.123	0.021	0.000	0.029	0.024	0.000	0.109

* $p < 0.05$　　** $p < 0.01$

4.5.1.4　分析

教育心理学和英语二语教学领域已有诸多针对学习动机、自
我效能感、学习态度、学习策略等与学习成绩关系的量化研究,本
研究在汉语二语教学领域对此进行验证。

学习动机与成绩是否存在相关关系,是相对分歧较大的,目前
仍然没有定论。部分研究发现没有相关关系(Binalet & Guerra,
2014;程其鹤,2021),部分研究发现有正相关关系(刘志华、郭
占基,1993;Fortier, Vallerand & Guay, 1995;刘加霞,1998;
张宏如,沈烈敏,2005)。王振宏、刘萍(2000)认为不同动机有
不同影响,内在动机与学业成就呈显著的正相关,而外在动机与
学业成就呈显著的负相关。展素贤、白媛媛(2017)基于二语动机
自我系统理论,发现理想二语自我、二语学习经验与英语学习成
绩呈显著正相关,应该二语自我与成绩无显著相关性。但由于专
业不同,学习动机与成绩的相关性又有所差异。综上可见,动机
与学习成绩的关系由于理论不同、实验对象有差异等前提,情况

较为复杂,不可一概而论。本研究对动机因素从整体上进行统计,并未细分,发现汉语二语学习者的学习动机与学习成绩无显著相关性。

如前文所述,本研究的学习态度是指学习者对语言学习过程中学生和教师应该承担的责任的认知。换句话说,学习者是否愿意承担其汉语学习的责任,是否积极主动地承担起主导者的角色,而不是简单将汉语学习结果归因于教师等其他非主观的因素。而拥有积极主动学习态度的学习者在实际学习过程中更倾向于采取自主学习的行为,从而提高其汉语水平。因此学习态度与成绩的相关度相对更高。

其次,本研究认为,学习者的心理和能力表现都只是其提高汉语水平的充分条件而非必要条件,而学习行为是必要条件。只有当学习者积极建设和利用其学习动机、自我效能感和学习态度,并充分使用其学习管理能力和策略使用能力,最终落实到学习行为上,才能最直接地反映在学习成绩上。因此学习行为也与成绩的相关度相对更高。

至于课内行为与成绩呈显著正相关,而课外行为未与成绩呈正相关,我们认为主要是因为本研究采用的是精读课考试的成绩,考试内容与课堂课本知识高度相关。留学生课外的学习行为和学习内容与课堂课本知识关联度不紧密,自然对其汉语成绩的影响较小,但不代表课外行为与其汉语水平无关。

4.5.2　横断分析:不同水平汉语学习者的学习自主性分析

除了整体分析探究来华汉语二语学习者的学习自主性与其汉语成绩之间的关系以外,我们还尝试通过横断研究分析不同汉语水平学习者的学习自主性。

4.5.2.1　不同水平汉语二语学习者的学习自主性

首先,我们分别计算了三个级别汉语学习者学习自主性的平均分,可以发现,从初级到中级再到高级,学习者的学习自主性呈逐渐上升的趋势,详见图4.2。

学习自主性

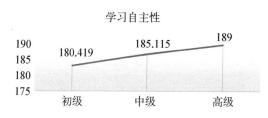

图4.2 不同水平汉语学习者的学习自主性

通过方差分析,初、中、高级的学习者在汉语学习自主性上并未呈现出显著的差异($F=0.873$, $p=0.421>0.05$),详见表4.6。

表4.6 学习自主性与汉语水平的方差分析

	平方和	自由度	均方	F	p 值
组间	1 111.572	2	555.786	0.873	0.421
组内	69 408.856	109	636.778		
总计	70 520.429	111			

由此可知,汉语水平越高,自主学习能力越强。但仔细观察不同水平的汉语学习者在七个方面的平均分,可以发现虽然大体上汉语水平较高的学习者在自我效能感、学习态度、学习管理能力、策略使用能力、课内行为以及课外行为六方面相较于水平较低的学习者都有所提升,但在学习动机这一项上,却不升反降,详见表4.7。

表 4.7　初中高级水平汉语二语学习者在七个方面的比较

	班　　级			汇总平均分
	初　　级	中　　级	高　　级	
动机	23.516	22.673	22.655	22.902
自我效能感	14.387	14.596	14.862	14.607
学习态度	28.452	30.731	31.828	30.384
学习管理能力	28.871	29.135	29.103	29.054
策略使用能力	44.419	45.673	46.724	45.598
课内行为	22.194	22.654	22.724	22.545
课外行为	18.581	19.654	21.103	19.732

　　虽然该变化并没有显示统计学意义上的显著差异,但这依然值得我们深思。学习热情随着学习时间的增长、汉语水平的提高而有所消减,这或许是个难以避免的趋势,但是这绝不意味着汉语教育者可以袖手旁观,视其为"应然"。相反,教师应该对症下药,使学习者在中高级阶段能够继续保持对汉语学习的热情。中高级水平的汉语学习者对汉语以及中国文化已经具备基本的了解,并能完成日常的对话。这个时候,学习者的学习动机已经不再是初级阶段的好奇与新鲜感,在零基础阶段所使用的诸如大熊猫或旗袍之类简单的中国元素已不再能够激发学习者的兴趣。因此,在中高级阶段摸清学习者的汉语学习动机来源,发掘他们的真正需求,并由此对症下药,应该成为国际中文教育中不可或缺的一环。

4.5.2.2　不同水平汉语学习者的学习自主性与汉语成绩的相关分析

我们对不同水平汉语学习者的学习自主性与汉语成绩分别做了相关分析。研究结果显示,只有中级水平汉语学习者的学习自主性与其汉语成绩呈显著正相关($p=0.011<0.05$),而在初级和高级阶段这两方面并未呈现相关性,详见表4.8。

表 4.8　不同水平汉语学习者的自主学习
能力与汉语成绩的相关分析

	班　级	学 习 自 主 性	
成绩	初级	相关系数	0.261
		p 值	0.156
	中级	相关系数	**0.350***
		p 值	0.011
	高级	相关系数	0.295
		p 值	0.120

* $p<0.05$　** $p<0.01$

4.5.2.3　不同水平学习者七个方面与汉语成绩的关系

本研究进一步就不同水平汉语学习者的动机、自我效能感、学习态度、学习管理能力、策略使用能力、课内行为和课外行为七个方面与其汉语成绩进行了相关分析。研究结果显示,初级汉语学习者的学习态度与其汉语成绩呈显著正相关,中级汉语学习者的学习态度、策略使用能力、课内行为都与其汉语成绩呈显著正相关,而高级汉语学习者的七个方面都未与其汉语成绩呈相关关系,详见表4.9。

表 4.9　不同汉语水平学习者的七个方面与其
汉语成绩的相关分析

		动机	自我效能感	学习态度	学习管理能力	策略使用能力	课内行为	课外行为
初级	成绩	0.189	0.169	**0.415***	0.288	0.061	0.243	0.093
中级		0.091	0.249	**0.310***	0.237	**0.299***	**0.420****	0.104
高级		0.289	0.249	0.293	0.117	0.224	0.294	0.226

　* $p < 0.05$　** $p < 0.01$

4.5.2.4　分析

当我们根据不同水平划分学生后,发现不同水平学生的学习自主性虽然呈上升趋势,但并没有显著差异,即没有证据显示学生的学习自主性随着水平的提升而有显著的增强。

同时,根据数据可知,整体分析时学习自主性与成绩呈显著正相关关系。但划分不同水平后,只有中级水平学生的学习自主性与成绩呈显著正相关关系,而初级和高级水平学生的学习自主性与成绩没有相关关系。

以往不少思辨性研究常讨论自主学习能力的培养话题,但目前在二语教学界,特别是汉语作为第二语言教学界,还没有实证研究来探究学生自主学习的发展规律。自主学习能力是否随着汉语水平而螺旋上升,在不同阶段学习自主性对学业成就是否都有影响,有什么样的影响,这些问题目前还未能完全说明。

本研究在该领域的探索尚属初次,也只是轻轻掀起如此复杂问题的一层帷幔。而本研究属于横截面研究而非历时研究,样本量也有限,今后亟需更多的历时追踪研究。我们认为,解锁学习自主性这个复杂问题的要素很多,需要更周密细致的考量。

4.5.3　学习者性别和文化圈对学习自主性的影响

除了探究学习者的汉语学习自主性与其成绩之间的关系以外,我们还分析了学习者的性别对学习自主性的影响。经过方差分析,我们发现,不同性别样本在学习自主性上没有表现出显著性($p=0.767>0.05$),意味着不同性别样本对于学习自主性全部表现出一致性,即性别因素对学习者的学习自主性并没有影响,详见表 4.10。

表 4.10　性别与学习自主性的方差分析

	平方和	自由度	均方	F	p 值
组间	56.729	1	56.729	0.089	0.767
组内	70 463.700	110	640.579		
总计	70 520.429	111			

除此之外,我们将学习者的国别划分为亚洲文化圈和非亚洲文化圈,并对文化圈与学习自主性进行了方差分析。结果显示,不同文化圈样本在学习自主性上没有表现出显著性($p=0.133>0.05$),也就是说文化圈因素对学习者的学习自主性并没有影响,详见表 4.11。

表 4.11　文化圈与学习自主性的方差分析

	平方和	自由度	均方	F	p 值
组间	1 438.509	1	1 438.509	2.291	0.133
组内	69 081.920	110	628.017		
总计	70 520.429	111			

4.5.4　小结

本节对所收集的数据进行了整体分析和横断分析。在整体分析中,本研究发现,学习者的学习自主性属于中等,学习者的学习自主性会对其汉语成绩产生显著的正向影响。这为我们在教学中提倡培养学生自主学习提供了实证支撑。在自主学习的七个方面中,自我效能感、学习态度、学习管理能力、策略使用能力和课内行为都与其汉语成绩呈显著正相关,其中,学习态度和课内学习行为相关性更强,在 0.01 水平上呈显著正相关。

接着,通过横断分析初、中、高三个水平学习者的学习自主性及其与汉语成绩的关系,本研究发现随着汉语水平的提高,学习者的学习自主性逐渐增强,但并未有显著差异;在七个方面中,随着汉语水平的提高,学习者的动机水平呈下降的趋势;不同汉语水平学习者的学习自主性对其汉语成绩的影响是不一致的,中级汉语学习者的学习自主性与其汉语成绩呈显著正相关,而初、高级学习者则未呈现显著相关性。本节对汉语自主学习历时发展的研究尚属前沿,但已能初步判断其历时表现和背后的原因较为复杂,有待后续研究。

最后,本研究发现,性别和文化圈对学习自主性没有影响。

4.6　访谈调查研究结果——质化证据

通过量化分析我们可知,学习自主性对成绩有显著的正向影响,自主性越高,成绩越好。同时,我们还发现学习者的自我效能感、学习态度、学习管理能力、策略使用能力和课内学习行为都与其汉语成绩呈显著正相关关系。在问卷调查的基础上,我们准备访问提纲,选取在问卷调查中自主学习分数较高的 7 名学习者进行访谈调查。访谈内容按照前期问卷调查的框架,对学习者的自主学习心理、能力和行为三个维度作进一步深入的了解。在后期分析阶段,我们将访谈内容分为两部分进行分析,一是学习自主性的内部影响因素,二是学习自主性的外部影响因素。分析时我们注意了与前期的量化分析结果对应,以期能够从中得到教学启示,助力汉语国际教学。

4.6.1　影响学习自主性的内部因素

经过对访谈材料的分析,本研究发现学习自主性高的学习者在学习动机、自我效能感、学习态度和学习策略上有以下较为突出的特点。

4.6.1.1　学习动机:动机来源丰富,呈动态变化

在访谈过程中,本研究发现大多数学习自主性较高的学习者的汉语学习动机来源较为丰富。换言之,学习者选择学习汉语一方面是对汉语和中国文化感兴趣,另一方面也是出于中国日益提升的国际地位和影响力,并希望通过学习汉语来找到更好的工作。

"因为看了很多中国电影,觉得汉语很有意思。中国不是有四大名著吗?我最喜欢《红楼梦》,里面使用的词语很特别,我很喜欢……还有经济方面,跟外国人沟通的机会比较多,那讲……能讲多一点汉语会比较有利。"(B 同学,越南)

"我觉得第一个原因就是我喜欢语言,所以我也可以说英语、俄罗斯语、波兰语。还有第二个原因是我对中国文化很感兴趣,所以我开始是汉学专业……我在德国,我是汉学学生。还有我觉得汉语很有用,这是原因。"(C 同学,德国)

"And I chose Chinese because, um, China is huge. The language is very interesting. The culture is also like very very cool ... Also there is like a big future using this language. And I really wanted to concentrate on Chinese and learn language." (E

同学,保加利亚)

除此之外,本研究发现,学习者的学习动机在整个学习过程中可能是一个动态变化的过程,单一的工具型动机可能因为学习环境的改变而变成多元动机。

"因为我开始理解中国文化,产生了兴趣,以前就是为了我的工作需要学习,但是来到中国以后,我觉得中国文化很有意思,看电视剧也很有意思。还有那个国庆节阅兵式,这个也是……我觉得很有意思。"(A 同学,韩国)

不仅学习动机的类型可能发生改变,学习动机的强度也可能随着对目的语的了解而加强。如以下这位同学,一开始学习中文是为了能看懂与所学专业相关的中文材料,但在开始汉语学习之后,逐渐发现了汉语的魅力,甚至希望能够在未来进一步学习文言文。

"Because I'm studying about a Chinese philosophy and religions in china. And because I'm studying about china and I had to learn Chinese to read some sources, Chinese sources because most I am using English sources. But if you study Chinese, it's really attractive and so elegant and so interesting and it's teaching me so many things. I would like to study about … uh, traditional, classical Chinese either." (G 同学,土耳其)

由此可以看出,就学习者的汉语学习动机而言,无论是其动机类型还是动机强度,都是动态发展的。除了中国的国际影响力和汉语本身的魅力以外,良好的学习环境和语言环境也能刺激学习者动机水平的提高。

4.6.1.2　自我效能感:正视学习汉语的难度,迎难而上

自我效能感指学习者对自己完成某方面工作能力的判断和信念(Bandura 1977)。在访谈中,大部分受访者都认为汉语是一门难

学的语言,但是他们都能够结合自己的母语背景,客观理智地分析汉语不同方面的难度,乐于接受挑战并享受其中。

"说到中文,非常不一样,你自己的语言不会给你带来任何帮助。对,然后当然,写字、认字、背字非常难。我每次要写一个生词的时候,我要是把这个词学三次,先要学拼音,然后要学怎么写,然后要学怎么发音、用法,对,每个字都要这样,所以就感觉很累……但是因为那个时候感觉中文是不可能学会的一个语言,我想挑战自己,然后……真的可以说我会说中文,就很有成就感,因为这是一般人不会做到的一件事情。"(F 同学,挪威)

"我觉得学习汉语很有意思,因为我,已经知道汉字,所以我觉得我的进步比别的国家的人快,所以我觉得汉语难是难,但是怎么说,不太辛苦,对,所以我一直觉得学习汉语对日本人的话,没那么辛苦。"(D 同学,日本)

"Even though it's so hard sometimes I think I hate Chinese language, I mean as a language, why are you so tough? Why and how people can create that language just using the same pronunciation … but still it's joyful and we're having fun."(G 同学,土耳其)

不仅如此,学习者能够通过自我鼓励来克服对汉语难度的恐惧,通过自己的进步自我激励,从而形成积极向上的学习态度。

"当然,学别的语言,我觉得都难的,不只是你的语言。但是因为我喜欢嘛,我想的时候不想太难,想好玩,想高兴。我以前不能讲话,现在我能讲了,以前我不能听的,但是现在我听得到了,那我就觉得高兴。"(B 同学,越南)

由此可见,汉语的难度并不一定会成为阻碍学习者学习汉语的原因,拥有较高学习自主性的学习者能够积极面对汉语的学习难度,克服畏难情绪,迎难而上。

4.6.1.3　学习态度：正确认知教师和自身在学习中的责任，勇于承担主要责任

学习态度指学习者对于自身在学习汉语中的角色和责任的认识。从访谈结果可以看出，学习自主性较强的学习者大多认可教师的重要性，认为教师和学生在学习过程中都很重要，但是更在于自己。

"我觉得两个都很重要啊，如果你的老师不太好，你不喜欢他的话，你就不要听他的说法，对吗？然后如果你自己不喜欢学习的话，你怎么可以学习汉语？所以两个都很重要。但是我觉得自己学习更重要一点。"（C 同学，德国）

"都有吧，可是最后是学生自己的责任。因为你要自己努力，如果你来上课，自己不复习、不学习，你也不会学到任何东西。"（F 同学，挪威）

"我觉得七分是学生的问题，三分是老师的问题。"（D 同学，日本）

针对这一问题，学习者的态度会在很大程度上受到过去的语言学习经历的影响。

"Because in Bulgaria for example, many students were stuck in ni hao. And they couldn't like go a step further because they didn't like study by themselves. It's not an easy language. This one needs more effort from yourself."（F 同学，保加利亚）

"I think actually it's like with the both side has some responsibility, but the teacher has more because I'm afraid I can't understand the context if teacher don't teach me nicely. That teacher goes crazy when you made a mistake ... so I was ... I can't ask question to that teacher because it shows that you didn't understand. So I was taking all my responsibility by myself. It was so tiring and not an efficient way."（G同学，土耳其）

我们强调提高学习者的学习自主性绝非意味着教师能在语言教学中缺席，鼓励学习者正视自身在学习过程中该承担的责任也绝非意味着教师可以忽视自身在教学中应当扮演的角色。在语言教学和学习中，教师和学生的责任不应当被简单分割，师生之间的关系也绝非企业中的"权责清晰，各司其职"可一言概之。

4.6.1.4　学习策略：有意识地主动利用语言环境学习

汉语二语学习者来到中国之后必然面临一个全目的语的环境，方方面面都会接触到汉语，但并非所有留学生都能充分利用这些机会学习汉语。而学习自主性较高的留学生有一个比较突出的特点，即他们都能有意识地利用语言环境，充分利用课余生活的机会主动学习汉语。

在访谈的过程中，本研究发现，无论是观看影视作品还是日常生活交流，无论是通过工作还是通过旅行创造"沉浸式"的语言环境，所有学习自主性较强的学习者都能有意识地利用语言环境。

"我喜欢看古装剧，我都把它用0.5的速度来听的。那后来因为我自学的时候，就是看到我喜欢的一句话啊，这句话我觉得有意思，我会把他写下来。我太喜欢的话，我会就一直听、一直听，来跟他一起读。还有我喜欢的电影的话，我看好几次，我最喜欢的几句话，我会跟他一起读，就像跟读一样的……的时候我会录音，我的自己的声音，来听。"（B同学，越南）

"看电视剧的话，我模仿演员说的，比较简单的，我可以记住……还有我每天努力努力看新闻联播。因为它速度比较慢，还有非常正确……听不懂的很多，但是可以学一个两个最新的词语。"（A同学，韩国）

"我每周周日参加一个志愿工作，做家教，教一些孩子们啊英语、数学、拼音，这个可以提高我的汉语，因为我觉着小孩子们、小

朋友们的汉语比较容易,不太 complex 对吗? 所以我可以 copy 他们。"(C 同学,德国)

"I noticed that if I'm travelling all alone it's really improving. My Chinese … maybe my second booming was coming after this traveling. I get some confidence because I see that if I'm trying to explain something, people can understand me. This is maybe most important part to learning Chinese in china. You should go out, try to talk with people and so on."(G 同学,土耳其)

甚至还有学生将学习融入了生活。

"我男朋友是中国人,我们平时都用中文聊天说话。我有个朋友,他在学习挪威语,所以平时我们会互相帮忙,算是语伴,但也是好朋友。"(F 同学,挪威)

从以上访谈语录可以看到,学习自主性较强的学习者不仅能够充分利用中国高校的环境,通过参加社团活动、志愿活动等形式来扩大汉语交流圈,而且他们会主动将学习环境从校园扩展到社会,为自己创造"沉浸式"的语言环境,比如通过独自旅行来应用汉语。由此可见,学习自主性较强的汉语学习者拥有较强的语言使用和语言学习的元意识,并能够主动利用和寻求机会学习汉语。

4.6.2　影响学习自主性的外部因素

访谈中,学习者谈及的学习自主性的外部影响因素集中在教师、同学和高校环境三个方面。

4.6.2.1　教师

本研究发现,教师作为关键角色,其教学风格、教学态度和教学安排等与学习者学习自主性的培养、提高和实践息息相关。

首先,由于文化差异,学习者在刚进入中国的汉语课堂之时,可能产生"水土不服"的现象,尤其是欧美国家的学生,他们对于学习压力的承受度和容忍度不同于中国学生,因此他们对中国教师的教学风格和方式也往往产生明显的不适应感。

"Some teachers are so tough, they said, ' by your level, you're in level six so you have to have better Chinese. Why can't you write this simple character ...' I feel bad about myself and ... I am getting more and more scared. The teacher in last semester was very stressful, at least for me. She was always like, you have two minutes to read this whole text and do the 练习 and you can't do that. But this teacher, she's giving us 10 minutes and we do the whole thing, and then we check it. And I almost don't have mistakes. So that's because she doesn't make a stress about it."(E 同学,保加利亚)

　　在以往的汉语作为第二语言教学与研究中,汉语教师的专业素养和教学技能常常是学界讨论的重中之重,而教师作为学习者的情感支持者却很少为学者和教师们所重视。由以上访谈语录可以发现,学习者对中国教师的教学风格产生了较为强烈的"不适感"——高要求、严标准往往成为他们学习焦虑的来源,而且容易打击学习者的自信心,并阻碍其语言习得和自主学习能力的培养。值得注意的是,教师在课堂上的严格让学习者产生了"被动的自主学习",即为了不在课堂上丢脸,学习者会逼迫自己课下努力学习。这样的现象看起来似乎有利于学习者自主学习能力的培养,但是却牺牲了学习者对于汉语的学习热情,以至于几乎产生了反作用。例如下面这位学生:

"When I came to China, my teacher was putting so much pressure. You're studying a lot, you're putting so much effort, but still they will tell you like not enough ... Last semester I was forcing myself, you should study otherwise tomorrow she will impress you that you will feel so impressed. So you should do this, but I really don't want to see anything. I was about to hate Chinese, but I came here with a big love. But this semester, uh, because I find my teachers sympathy and the teaching style is nice at all. I would love to, for example, this semester when I'm memorizing a verb, I'm trying to create my own like sentence to see that … Also this semester, I'm trying to read some extra books, uh, to like, um, because I would like to see that beside the uh, the books of the class, can I read something different? It's kind of confidence."(G 同学,土耳其)

由此可见,教师的情感支持对学习者的学习自主性能够产生重要的影响,高压的学习环境会打击学习者的热情和信心,甚至产生适得其反的效果。而教师的情感关怀能为学习者创造更加舒适的学习环境,从而激发学习者的学习信心和动力,并最终提高学习者的学习自主性。

除了教学风格以外,教师的容错度也成为学习者焦虑的主要来源。

"比如说有一个我们要判断对错,或者有一个选择题,很明显答案应该是什么,然后在听听力的时候,我完全不懂他们在说什么,就随便选一个。然后老师让我回答,然后我说我不知道,可能是 A。老师笑我,然后说这个很明显,然后我觉得很丢脸。可能有的时候老师会,怎么说呢,会笑还有不耐心。像今天下课以后感觉很不自信!因为我回答问题的时候犯了几个错误,所以以后老师一直问我,你懂了吗?我感觉很丢脸。有一个同学他不来听力课了,因为他觉得他水平没那么高,在这太丢脸了,他不敢来。"(F 同学,挪威)

"She's someone like when you make a mistake she's going angry. 'What are you doing? Don't you notice … didn't I tell you before ...' She can be angry to you because you did a mistake. She was horrific like scary experience. And all my classmates very like scary and we were not comfortable and like if you're learning a language and you are not comfortable, it's really stop your learning process. So I was scared to talk, but this semester, I started to talking some and thing has changed with me ... because I have a very nice teacher and she knows how to teach us. So I started learning this semester ..."（G 同学, 土耳其）

从以上的访谈语录, 我们可以看出, 教师在课堂上的情绪和情感表达很容易传达出教师的教学态度, 从而影响学习者的学习动力和信心。也许学习者对教师肢体语言的解读并不一定准确, 但不可否认的是学习者认为教师对于学生犯错的容忍度是很低的, 并因此产生了丢脸、不敢开口等负面情绪, 而这些负面情绪将严重阻碍学习者的正常学习, 更谈不上自主学习了。虽然教无定法, 每位教师都有其独特的教学风格, 但是语言课堂不应该成为压力的代名词或焦虑制造处。尤其在国际中文教育领域, 汉语教师的教学风格应当考虑外国学生这一特殊群体, 适用于中国学生的教学方式并不一定适用于他们。此外, 教师对学习者的错误也应该抱有开放宽容的态度, 只有不排斥犯错才能鼓励学习者使用汉语, 并从错误中学习、进步。

最后, 教师的教学安排也可能影响学习者学习自主性的发展。由于汉语教学任务重, 对教师的教学进度有严格要求, 因此, 教师在课堂上更加专注于语言内容而忽略了学习策略的教授。在访谈过程中, 受访者都表示教师在课堂上几乎没有提及学习策略和方法, 只有少数几位老师会在课间介绍一些学习资源, 如电影、音乐或手机软件等。

"Here the most important thing is can you finish their books on time or not? So because they have ... this may be kind of ... it's also pressure for them, you should finish all the text sometime. So they just focusing on that." (G 同学,土耳其)

除此之外,学习者还反映,繁重的课后作业让大部分学习者都不堪重负,疲于完成老师布置的作业,已经没有时间进行课外的自主学习活动。

"老师的作业已经写不完了,我没有时间学习别的东西了,而且我还要玩,我不是只要学习而已,我还要生活,和朋友出去玩。" (F 同学,挪威)

课后作业是监督学习者课下学习的一种方式,但是过重的课业负担很可能限制了一部分学习者的自主学习。因此,教师在布置作业的时候,不能采用"一刀切"的态度,而是需要考虑不同层次学习者的能力和需求,让学习者有选择性地针对自己的能力进行课后练习和拓展。

4.6.2.2 同学

除了教师,与学习者密切相关的另一关键角色是同学。中国高校能为来华汉语学习者提供一个更加国际化、多元化的班级环境。而母语背景的差异导致的汉语学习不均速发展,往往会造成一定的同伴压力。比如,汉字圈国家的学习者由于文字系统与汉语相近,他们在读写方面相较非汉字圈国家的学习者具有先天优势,而非汉字圈国家的学习者则由于更加健谈,他们的汉语听说能力往往较高。

"欧美人的话,他们虽然读书的水平更低,但是他们听起来说得非常有力,这个有……这个刺激自己,所以我最近努力模仿发音。" (A 同学,韩国)

"日本的韩国的同学们,他们的汉语水平比较高,因为我很美慕,日本的同学们,所以他们给我一个 good example ……我觉得我

要跟他们一起好，I want to be like them！"(C 同学，德国)

"What makes difference for me is when people are better than me in Chinese, and they kind of motivate me and push me to work harder. We are in the same class, like maybe my listening or grammar are better than theirs, but their 口语，like their speaking is very good. I get very motivated to get my speaking better."(E 同学，保加利亚)

由此可见，学习焦虑并非有百害而无一利，学习者因同伴压力而产生的适度焦虑会转化为学习动力，从而刺激他们自主学习汉语，有利于营造一个取长补短、相互激励的良性学习生态。

除了同伴压力以外，开放互助的、国际化的班级背景还能为学习者理解汉语提供更加丰富的视角，从而对汉语学习产生积极影响。

"在日本的时候，学生们没有举手，就是说一直听老师的上课的感觉，但是在这里有的学生常常问老师，比如欧美的学生，所以我觉得跟别的国家的人一起学习，很有意思，也很有用。"(D 同学，日本)

"我觉得跟其他国家来的学生在一起学习，有很多好处。因为有时候欧美人问的问题，我从来没有想过，有的时候可以帮我理解汉字，可以帮我记住。"(A 同学，韩国)

"可以认识很多其他国家的人也在学习汉语，知道大家的困难和自己的困难有什么不同，我觉得就是你一边能了解汉语，一边能了解别的学生学习汉语的困难，然后我会发现很多有趣的事情，还有很多汉语跟自己的国家有关的地方，我也产生多一点兴趣。"(B 同学，越南)

4.6.2.3　环境

因为本节调查的对象是来华高校的留学生，所以这里的环境主要指校园环境，也涉及一些社会环境。虽然中国能为学习者学习汉语提供目的语环境,但是本研究发现,对于初到中国的汉语学习者,生活环境的改变带来了文化差异、语言环境和教学方式等方面的冲击。对新环境有限的认识使他们难以投入学习。

"... my mind was not very ready, because suddenly my lifestyle has changed. I shifted ... in turkey, I was doing my PhD, and everything was ok. Suddenly I'm in China, I'm forcing my brain to learn something different."

"I started last semester, and I couldn't do anything because in the beginning everything was new for me and it took time to get used to the environment. It took time for me to learn. Because here I'm totally new. I have no idea what's going on in this city. Even like this is my second semester, still there is so many things to learn and to know. And it's specifically in the beginning, you already have a shock like cultural shock, like lifestyle shock and everything, and language shock, teachers shock sometimes ..."(G 同学,土耳其)

除了新环境带来的焦虑和不适感以外,留学生来到中国之后的另一心理落差在于虽然身在汉语目的语环境,但是他们却很难融入中国学生的圈子,难以认识中国朋友。

"我本来认为我可以跟很多的中国朋友交流,但是机会不那么多,因为本科生或者研究生他们都非常忙学习,没什么机会交到朋友。"(A 同学,韩国)

"我本来觉得在中国非常非常容易找到中国的朋友,但是不太容易。其实我想每天参加活动或者跟中国人一起出去,想要但是不行,没有很多中国朋友,所以很多活动都不能参加。"(C 同学,德国)

不少受访者都表示,他们很想在中国交朋友或者有一个中国语伴,但是他们往往没有渠道,也没有信息来源。由于缺乏沟通桥梁而产生的隔阂往往成为阻碍他们进一步了解中国、学习汉语的因素之一。

除此之外,高校的社团是留学生课外自主学习汉语的主要场所之一。但对于来华学生而言,他们面临两个问题:第一是因为信息不对等而错失参加社团的机会;第二是大部分的社团都是中国人,全汉语的环境一方面为汉语学习者提供沉浸式的学习体验,但另一方面却也极大地限制了他们在社团活动中的参与度。

"But in the in last year's student union for sports department, most of them were Chinese. Like I was the only probably the only white face foreigner in the whole group. And I couldn't talk Chinese. It felt a bit weird because also they didn't want to talk with me that much because they're also scared to talk with me because they don't wanna speak English with me. But that also pushed me to be better at Chinese. So I can speak with them. I could understand them. That helped a lot because they were speaking, because they were like Chinese from everywhere. Like a lot of people were Shanghainese and just listening to a normal Chinese people speaking regular Chinese instead of like very formal one. It was different."(E 同学,保加利亚)

"I joined the kendo club and the student who is teaching us this begins so fast ... So because I'm the only foreigner, so they don't care me much."(G 同学,土耳其)

4.7　结论及对教学的启示

通过量化和质化研究,本研究发现汉语二语学习者学习自主性属于中等水平,证实了学习者学习自主性直接正向影响学习成绩。学习自主性强的学习者在学习动机上更多元化,在自我效能感上能客观认知汉语学习难度并对自身学习有自信,在学习态度上勇于承担责任,在学习策略上积极主动,此为影响学习自主性的内部因素。谈及影响学习自主性的外部因素时,学习者在教师、同伴和环境这三方面感受最深。

近40年来,在"以学习者为中心"教育观念指导下自主性学习能力的培养受到了广大学者的关注。学者们普遍认同学习自主性是可以后天培养的。我们认为,应该将汉语二语学习者自主作为国际中文教育的重要目标之一,重视学习者学习自主性的培养,构建三个"共同体":师生共同体、生生共同体和校生共同体。值得一提的是,培养学习者的学习自主性需要构建这三个共同体,但这三个共同体的建立不仅仅局限于有利于学习者的自主学习,可以拓宽至学习者宽泛意义上的学习,惠及面更广泛。在这个意义上,下文的陈述有时候并不单单针对自主学习而言。

4.7.1　师生共同体

我们认为,教师和学生的责任不应当被简单分割,师生之间的关系也绝非"权责清晰,各司其职"可一言概之。学习者和教师更应被看作一个"师生共同体":一方面,师生双方扮演不同的角色,也承担相应的责任;另一方面,教师承担的责任中需要学生的配合,而学生在承担责任的过程中需要教师的引导和支持。二者的目标一致,在朝着教(学)好汉语这一目标的过程中相辅相成,相互成就。

学习者学习自主性的发展和实践绝非一蹴而就。教师们要充分重视学习自主性对学习成绩的正向影响力,在促进学习者自主学习的过程中注意角色转换,除了扮演传统的知识传授者以外,还要在课堂中授人以渔,兼顾学习者的自主学习心理、能力和实践,逐渐从课堂的主宰者转为学习者的情感支持者、策略咨询者和资源提供者,以培养和提高学习者的学习自主性,促进学业发展。

4.7.1.1　情感支持者

朱小蔓(2007)提出了"情感教育"这一理念,主张情感作为人不可分割的一部分,在教学过程中不应该被忽略。她主张将情感教育融入教学当中,关注学习者的情绪和情感状态,并加以正向引导和培育,从而实现以人为本、全面发展的教育理念。

在语言习得的过程中,情感因素起着举足轻重的作用。学习者的思维、理解和记忆等认知活动都受到情感因素的影响。Stern(1983:386)提出:"情感因素对语言学习的影响至少和认知因素一样大,而且往往更大。"因此,我们认为教师在教学过程中应成为学习者的情感支持者。"在教学中关注情感、渗透情感是广大外语教师不容忽略和回避的问题。"(徐锦芬,2007:153)

本研究发现,来华汉语二语学习者在中国学习面临着方方面面的焦虑。与教师相关的焦虑来源主要有两个方面:其一,学习者对中国汉语教师的教学风格、教学方式和教学进度安排等容易出现误解和不适;其二,教师对错误的容忍度低,过分严厉的教学态度容易使学习者产生不必要的压力,从而打击学习者的学习动机和学习信心。由此产生的学习焦虑和自信心受挫极大地限制了学习者学习自主性的发展。以下是我们对教师提出的一些建议,供参考。

首先,汉语教师在面对初到中国的汉语学习者时,不仅仅是语言学习的老师,还应承担文化使者的责任,帮助学习者理解中外文化差异,尤其是在教学方法、教学目的和教学安排等方面的差异。汉语二语学习者之所以容易对汉语学习产生焦虑,很大一部分原因是师生之间出现了信息差,教师对教学方法和目的了然于胸,但学习者往往一无所知,由此对教师产生不解甚至排斥。

为改变这一现状,具体来说,教师可以做以下的调整:

第一，对学习者以诚相待，充分沟通。这些学习者是成人，他们有足够的判断力和分辨力，只要教师和学习者之间保持充分的沟通，双方在教学方式和目的等方面通过磨合后达成共识，能帮助学习者克服教育差异，减轻由此产生的误解和冲突，加速学习者融入中国的教育环境。

第二，中外的教育理念有所差异，教师要了解并掌握他国的教育情况，取长补短，求同存异。教师要考虑到学习者对不同教育理念和方式的接受度，适当改变教学风格，不断调整自己的教学方式，尽量避免学习者由于教育差异而产生消极的学习心理。

第三，教师对学习者在学习过程中所犯的错误应抱有宽容和耐心的态度。教师的一言一行在课堂上容易被放大，在学习者出现错误或不解的时候，教师不仅要关注教学效率，还应注重对学习者的情感关怀。要调整对学习者的要求，改进反馈形式，多采用正面引导方式帮助学习者提高自我效能感。同时要十分注意自身的肢体语言和非肢体语言，帮助学习者克服犯错的焦虑，为学习者营造一个轻松友善的学习环境。

第四，教师要调整教学安排，在完成教学内容和教学进度要求的同时，兼顾学生的接受能力，以学生为中心，尽量做到平衡。在布置作业的时候，不能采用"一刀切"的态度，而是需要考虑不同层次学习者的能力和需求，让学习者有选择性地根据自己的能力进行课后练习和拓展。

再次，汉语二语学习者的文化背景各异，同一个班级里的学习者往往来自世界各地，这为培养良好的国际化学习生态提供了天然的土壤。一方面，学习者由于其文化背景不同，对汉语的理解角度也不同，这能为其他学习者提供更加丰富多元的角度来学习汉语；另一方面，由于学习者母语与汉语的差异程度不一，他们在汉语不同方面的习得速度也因此产生差异，而这些差异实际上能为学习者带来适度的学习焦虑,从而促进学习者学习自主性的发展。教师要抓住这一有利条件,通过定期举办"学习分享会"等活动鼓励学习者互相分享学习经验,请学习者根据自身在汉语学习不同方面的优势,分享相应的学习方法,从而营造良好的学习氛围。同时,在此类活动中,还应鼓励学习者提出在汉语学习过程中的困惑和情感困扰,包括学习焦虑、学习压力等负面情绪,这有利于学习者之间形成情感共鸣,从而缓解汉语学习过程中的消极情绪;同时,这也有利于教师了解学习者的学习状况,从而调整教学节奏,为学习者营造更加人性化的学习氛围。

另外,本研究发现学习者的自我效能感也是十分重要的一方面。因此教师可以通过建立"学习者档案",定期整理学习者的学习成果,让学习者感到获得成就的快乐,从而提高学习汉语的信心。除此之外,教师还可以分技能建立学习榜样,鼓励他们分享学习经验,帮助其他同学一起进步。如此一来,学习者在不同方面都能够发挥所长,既能够推动建立班级学习共同体,还能够提高学习者的自我效能感。

最后,虽然学习自主性的发展规律仍未明确,但初步可知,不同学习阶段的学习者之间表现不同。因此,教师针对不同学习阶段的学习者应该采取不同的教学措施。只有充分了解学习者在不同汉语水平阶段的学习需求,对症下药,才能有针对性、有效地提升学习者的学习自主性,从而提高其汉语水平。

4.7.1.2 *策略咨询者*

徐锦芬、李斑斑(2014)提出教师应加强对学生的策略培训。授人以鱼不如授人以渔,教师在教学过程中,不仅要注重汉语知识的传授,更要重视为学习者提供学习策略和学习方法。

首先,从问卷调查的结果分析来看,学习者的学习策略与其汉语成绩之间存在显著正相关关系,说明提高学习者的策略使用能力能够有效提升学习者的汉语水平;其次,从访谈数据可以看出,教师由于教学进度的压力,很少在课堂上为学习者提供一些学习策略。大部分的学习者表示,他们的学习方法都是从自己以往的语言学习经验和经历中总结得来。但是汉语这一独特的语言与其他语言有所不同,比如汉字和声调是学习者学习过程中面临的重点和难点,其相应的学习方法也较其他语言有所不同。因此,教师应该在教学过程中为学习者提供相应的学习策略,鼓励学习者之间相互分享各自的学习方法,帮助学习者找到适合自己的学习方式。尤其是在国际化班级中,教师应充分利用学习者不同文化背景、语言背景的优势,鼓励学习者互相学习,营造一个友好互助的学习生态。

从问卷结果可以看出,以平均分作为衡量学习者的策略使用能力,学习者在认知策略、元认知策略和情感策略三方面属于中等①,而在社会文化互动策略上表现相对稍强,属于中上。具体请参看表 4.12。

表 4.12 汉语二语学习者学习策略使用能力分析

策略分类	认知策略 27—31					元认知策略 32,33,34			情感策略 35,36		社会文化互动策略 37,38	
题项	27	28	29	30	31	32	33	34	35	36	37	38
得分	3.72	4.11	3.35	3.43	3.71	3.77	3.83	3.94	3.66	3.9	4.09	4.1
平均分	3.66					3.85			3.78		4.09	

---

① 我们将学习自主性等级标准定为:得分≤3 为差;3<得分≤3.5 为中下;3.5<得分≤4 为中;4<得分≤4.5 为中上;4.5<得分≤5 为高。

因此,教师在教学过程中,应该针对学习者的认知策略、元认知策略和情感策略三个方面加强指导。在认知策略上,教师在针对听说读写四种不同技能的教学中,应该提供不同的、有针对性的技能训练方法供学习者自主选择和练习,并在课堂上通过举例等方法引导学习者使用该方法进行训练。如在听力技能训练中,教师可以通过示范速记的方法引导学习者听重点并养成记笔记的习惯。在口语技能训练中,教师可以寻找或制作一些配音材料,让学习者通过听不同母语者的发音来检查自己的发音,并通过模仿的方法改善自己的口语。在阅读技能的训练中,教师可以介绍一些泛读方法,比如通过寻找主题句、找关键词或衔接词等方式提高阅读速度和理解水平,并提供充分的材料供学习者将所学的阅读策略付诸实践。在汉字书写训练中,教师可以鼓励学习者联系字形与字义,充分发挥想象力,通过联想的方式来记忆汉字。

在元认知策略上,教师应该鼓励学习者积极反思,自主评估学习效果,引导学习者思考和对比不同语言的异同,自主探究发生语言错误的原因,并在实际生活中有意识地使用汉语多加练习,从而不断提高学习者的元认知能力。同时,教师还可以鼓励学习者定期写学习日志,通过记录每天或每周的学习情况,学习者能够及时了解并评估自身的学习成果,从而反思自身的学习方法,并逐渐提高元认知水平。

在情感策略上,教师应该首先向学习者说明在语言学习中产生各种负面情绪都是正常现象,缓解学习者的焦虑和紧张,并为学习者提供一些克服相应情绪的方法,如倾诉法、理智发泄法等,鼓励学习者以更加积极正面的态度去面对和解决汉语学习过程中产生的各种情感障碍。此外,教师还可以通过建立班级/年级互助群等方式形成汉语学习社区,鼓励学习者勇于向他人寻求帮助,通过形成良好的互助氛围来克服汉语学习过程中的情感障碍。

同时,教师还应在实际教学中为学习者提供充分的时间和机会,将其学习策略和方法付诸实践,并在学习者的不断尝试中扮演一个策略咨询者。在此过程中,教师可以同时提供策略支持和情感支持,如通过组织"学习分享会"等活动,一方面能够了解学习者在汉语学习过程中面临的情感障碍并提供相应帮助,另一方面,教师可以通过此类活动来收集学习者的认知和元认知策略,为其他学习者提供借鉴和参考,同时还可以借此评估学习者的学习策略使用情况,并提出相应的建议。与此同时,通过学习者之间分享学习焦虑和压力,也能够及时提供情感策略的支持。

4.7.1.3　资源提供者

虽然全目的语环境为来华汉语二语学习者提供了丰富的学习资源,沉浸式的学习环境让学习者在有限的时间内最大范围、最大密度地接触汉语、使用汉语,但是由于学习者的汉语水平参差不齐,他们对学习资源的筛选和甄别能力有限,很难找到适合自己的学习材料。例如,在访谈过程中,本研究发现,学习者虽然在课外接触了大量与汉语相关的资源,但绝大部分与其汉语水平不符,而对他们必需的一些学习资源,他们又没能力和机会掌握。因此,教师就成了学习者获取优质资源的主要渠道之一。

我们认为,在情感支持者和策略咨询者所提到的资源之外,教师还可以给学习者提供以下资源和信息。

首先,国际中文教育教学资源。据教育部中外语言交流合作中心发布的《国际中文教育教学资源发展报告(2021)》,经过近70年的努力,教学资源建设取得了丰硕成果,标准体系初具规模,教材体系日臻完善,数字资源建设成效显著。仅以教材为例,1949—2000年底,全球共出版国际中文教材19 530种。此外,汉语分级读物的研发也在不断进行中。教学网站有404个,如"中文联盟"等。中文学习App有334款,各有侧重,如注重语言社区建设的Hello

Talk,注重口语提高的 Hello Chinese,注重应试准备的 HSK Online 等等。虽然在课堂教学时往往有既定的教材,但教师可以从海量的教育资源库中择优选取,供学生自主学习使用。

其次,影视和文学资源。中文影视资源非常丰富,教师可以根据主题与汉语水平进行筛选和分类,为学习者提供合适的学习资源。比如,教师可以根据主题选择一批优秀作品重点推荐给学生。以纪录片为例,如重在宣传中华文化的《你好,中国》和《舌尖上的中国》等,重在了解当代中国社会的《人生第一次》,重在认识中国汉字的《汉字五千年》等等。这些影视资源根据汉语水平可以分为初级、中级和高级汉语,针对初级学习者,教师可以推荐一些简单的音乐供学习者听识和学习,如《两只老虎》《月亮代表我的心》等;针对中高级学习者,教师可以推荐一些流行歌曲,如《童话》《对不起,我的中文不好》《中国话》,还可以推荐一些反映中国历史和现实的电影、电视剧和一些优秀的文学作品等。

再次,语言学习软件和工具资源。随着互联网、大数据、云计算、人工智能等新一代信息技术的应用和发展,教育形态发生巨大变化,语言教育技术不断更新和进步,技术赋能教育。这也对汉语教师提出了新要求。教师在日常的教学之余,还应紧随时代步伐,广泛接触层出不穷的新技术、新产品,为学习者推荐合适的语言学习软件、语言学习工具,从而更好地承担起资源提供者的角色。在语言学习工具方面,教师可以给学习者推荐一些使用方便的小程序,如微信小程序中的"记忆共享卡片",方便学习者及时将所学生词制作成词卡以随时复习,学习者之间还可以通过微信好友互相分享卡包,实现学习资源共享,从而促进合作学习和自主学习。又如微信小程序中的"手写板",学习者可以通过手写板随时随地写汉字,教师甚至可以使用该小程序在课上实现线上汉字教学,同时学习者还能将自己写的汉字保存为图片发到班级群中,方便教师了解学习者的掌握情况。除此之外,随着 AI 技术的不断发展,大部分移动设备都具备 AI 语音聊天的功能,教师可以鼓励学习者充分利用该功能,通过与手机"聊天"来练习汉语口语和听力。B 站(Bilibili)、抖音等上也有无数资源。

最后,社会信息资源。教师不能照本宣科,仅仅讲解课本上的内容。教师还是链接学习者和中国社会的纽带,是学习者了解中国的窗口,是学习者融入中国的推手。学习者了解中国、融入中国之后,更有助于其开展自主学习行为。如教师可以将合适的社会文化活动推荐给学生,如当地优秀的文艺文化活动、演出等,再比如当地的社团活动、志愿者活动等。

4.7.2　生生共同体

陈钰(2020)发现自主性会促进学习共同体的构建。我们的研究同样发现同伴也会对学习自主性产生影响。"生生共同体"的建立需要多方合力,涉及学校、教师和学生三方。学校在机制上可以搭建平台,制订措施鼓励教学法的改革,激励学生团队的共建。教师在具体教学过程中潜移默化地组织。可以鼓励学习者分享学习经验和技巧,向学生灌输学习共同体的积极意义,引导他们组建学习团队,进行同伴学习。学生也可以充分利用国际化的环境,积极主动与其他学生交流,营造一个取长补短、相互激励的良好学习生态。

4.7.3　校生共同体

如何帮助留学生快速度过文化冲突期不仅仅是教师的任务,高校也责无旁贷。留学生与高校也互相成就。

目前各高校在帮助留学生融入方面已做出不少尝试,如规范和鼓励留学生成立新社团或加入已有社团(徐晓羽、方雨晨,2020)。我们认为学校还可以从以下角度进行拓展,深挖可能性:

首先,在教务教学管理方面。第一,高校要完善各项规章制度,从提供优质服务和人性化管理出发,减少可能存在的不适。第二,高校在教学管理方面也需要自我更新,鼓励和支持教师开展各类教学改革,以学生为中心,给予学生自主学习的土壤和空间。比如支持教师开设线上线下相结合的课程等。

其次,高校应该充当留学生与社会之间的桥梁,为留学生融入中国搭建平台和渠道,打破留学生与中国学生、中国社会之间的无形壁垒,也为其课外自主学习创造更加便捷、有利的环境。我们的设想如下:

第一,学校还可以成立一些以留学生汉语学习为主题的社团组织。由中国学生牵头,组织一些与中华文化或汉语语言相关的活动,并鼓励留学生参与到活动的组织与开展中。这一方面可以加强海外留学生与中国学生之间的联系;另一方面促进学习者在实际活动中学习汉语,进行有意义的汉语学习;再一方面还能为留学生提供更多的课外自主学习汉语的机会。

第二,学校可以搭建这些学习者与校外组织或机构之间的对接平台。如可以成立专门的校外实习或兼职平台,通过提供合适的实习或工作岗位加速留学生融入中国社会和文化。学校还可以与校外社区合作,通过结对方式提供志愿活动的机会,如为贫困家庭孩子补习外语,或者为养老社区提供周末服务等。这些活动都凸显汉语的工具性功能,不失为一种有效的课外学习行为,既加深学习者对汉语及中华文化的了解,又有利于提高留学生的自主性。

第三,学校还可以举办或者支持学生参加各式各样的中文比赛,如汉语桥、留学生中国诗词吟诵、留学生地方话比赛等等,使学习者在备赛的过程中充分积累汉语知识,在展示自我的同时提高汉语水平。

第五章 汉语二语学习者听力自主学习及优化路径研究[①]

5.1 研究缘由、可行性与意义

听力技能作为外语学习听、说、读、写、译五大技能之一,对其进行培养在语言教学中占有重要位置。听是可理解输入的基本渠道。我们认为,目前高校留学生汉语听力教学效果不甚理想,难以满足学生对提高听力水平的期望。主要存在以下问题:

首先,从课程设置角度来看,各高校以按照听、说、读、写、译分技能设置课程为主流,且大多数情况下听力课课时偏少,有限的课堂教学难以满足学生的听力学习需要(吴勇毅,2001)。

其次,从教师教学角度来看,在授课方式上,听力课堂教学活动较为单一,教师大多为重复播放听力材料直到学生听懂为止;在授课内容上,教师多注重讲解生词和操练习题,并对听力材料做补充说明,技巧讲解不充分。

再次,从学生学习角度来看,听力训练没有脱离"消极听力"模式(鲁健骥,2017),学生随教师节奏依照教材内容听材料、做练习、对答案,一套流程下来程式化弊病明显。

此外,由于听力效果较难量化,学生水平提高速度较为缓慢,师生都容易丧失信心,导致听力课难教难学。

与"说"相比,听力常常被看作是一项接收信息的被动技能。

在交际中,听的一方不能规定对方说的内容、内容的难易程度、表达内容的方式(如所选用的词语、句型、句式等),不能限定内容的多少、时间的长短、速度的快慢等。这给听力理解带来了相当大的难度。其学习方法和技巧在汉语教学中容易被忽视。

但是听力理解的本质远非如此简单。听者要积极能动地推理,主动构建意义,以达到理解说话者的目的,是已有知识和话语材料相互作用的过程(王守元,2003)。这一过程要求学习者积极主动地听,其独立性和主动性也为减少学习者对老师的依赖、实现听力自主学习提供了可能性。

近年来,汉语教学界也逐步形成"以学习者为中心"的教学理念(鲁健骥,2018),汉语教学不仅要教授学生汉语知识,还要注重培养学生独立学习汉语的能力。汉语自主学习研究随之兴起。教师要培养学生的自主学习能力,才能在有限的学习时间内发挥最大的教学效果,并能"授人以渔",让学生受用终身。汉语自主学习必然涉及各项汉语技能,听力自主学习研究是其重要一环,不仅能为听力教学提供新思路和新可能,还能为学习者听力自主学习提供理论基础和实践指导。

随着科学技术和互联网的发展,网络资源的丰富性、及时性和交互性对语言学习的作用得到了体现。网络使得语言学习不再受时间和空间的限制,同时也为自主学习提供了丰富且真实的语言材料、便捷的学习渠道以及多样的学习方式。网络上海量的歌曲、新闻、视频、电视剧和各种节目虽然不是专门为听力学习而设计的,但是可以从中挑选出大量适合自主学习的听力材料。除此之外,专门针对汉语听力学习的学习网站和手机软件层出不穷,学习者可自由选择不同题材和情境的听力资源,部分软件还提供互动性的听力学习服务。听力自主学习成为延伸听力课堂和扭转消极被动听力教学的突破口。

但是,国内自主学习研究主要集中于英语教学界,关于汉语自主学习的研究较少,专门针对听力自主学习的研究更是少之又少。学界对留学生的汉语听力学习自主性及其影响因素尚未有明晰的认识,因此也难以提供切实可行的教学对策以培养和提高学生听力学习自主性。

5.2　研究目的和内容

本章主要采用量化研究方法对听力自主学习进行基础性研究,主要涉及以下问题,并据此对教学给出方向性建议。

(1) 汉语二语学习者的听力学习自主性如何?

(2) 性别、年龄、文化圈和性格等个体因素对听力学习自主性的影响如何?

(3) 汉语水平、掌握语言种类和汉语学习时间等不同学情对听力学习自主性的影响如何?

本章希望能顺应国际中文教育发展需要,弥补汉语听力自主学习研究领域的不足,促进教师教学观念和教学实践的转变,使听力学习由被动转为主动,有针对性地帮助学习者真正学会学习,提高听力学习自主性,从而提高听力水平。

5.3　前人研究综述

5.3.1　听力教学及相关研究

5.3.1.1　听力理解相关研究

"听说"而不是"说听",听为先。在语言交际活动中,听力理解是语言交际过程中的重要环节。克拉申(Krashen)的输入假说"强调听力活动对语言习得最为重要,语言习得是通过听力理解来实现的"(刘珣,2000:175)。听力是二语习得的前提,先有大量的可理解听力输入,才能够进行后续说、读、写等其他技能的培养。

　　在20世纪50年代以前,听力被认为是一种消极的被动技能,人们只能被动地接收信息。认知心理学的发展逐渐引发了研究者对人脑处理听觉信息的关注。认知心理学认为听力理解不仅是被动接受地听,还要求听者积极地调动已有背景知识与新接收的信息相结合,是一个积极主动处理信息的过程。为此,认知心理学将图式理论应用到听力理解中,强调激活听者大脑中的已有图式,处理信息并修正已有图式,最终建立新的图式。O'Malley和Chamot(1990:34—35)认为听力理解分为感知、解析和运用三个阶段。在感知阶段,大脑会专注于所听到的信息并将其储存在短时记忆中;在解析阶段,听者会将听到的词或句子构建成有意义的心理表征;在运用阶段,听者会将解析阶段构建的成果与大脑长期记忆中的已有知识相互作用,利用已有图式预测新的信息,这一阶段是听力理解中的重中之重。值得一提的是这三个阶段不仅相互关联,而且是动态循环的。王守元(2003)持相似观点,将听力过程的特点概括为积极的、创造的和互动的,听话者激活大脑中对于世界的认识,积极主动地进行认知推理,还需要根据自己的相关生活经历和背景知识创造性地构建意义,而且交际双方可以通过语言或非语言手段来表明是否互相理解以及协商双方要表达的意义。

　　总而言之,听力理解过程不是简单地被动接收信息的过程,而是听者大脑中的已有知识与所听到的信息相互作用的过程,是一种解码和意义重构的有机结合的过程。

5.3.1.2　汉语听力教学相关研究

　　听力教学在对外汉语教学界经历了从无到有的过程。20世纪60年代,对外汉语教学开始分技能设课,听力课被当作"小四门"之一出现在汉语课程中。到20世纪70年代末80年代初,听力课从综合课中分离出来真正成为独立课型(杨惠元,1992)。

　　进入20世纪80年代,受到国外二语教学的影响,有学者开始尝试将听力看作一项技能来研究。李清华(1987)介绍了国外外语教学将听力过程中所需各项技能分离的方法,例如筛选重要听力材料的能力;边听边做其他事的能力;复述和改变表达方式的能力;预测和更正预测的能力;抓住连接词和语法关系提供信息的能力;跳跃障碍的能力等。以上技能还停留在对国外外语教学界观点的引入,未应用于汉语听力教学实践中。随着将听力看作是一门技能这一观念的发展,人们把在听力过程中采用的认知技巧和帮助理解的技能称为听力微技能。杨惠元(1996:28—38)总结前人研究,提出八项听力微技能,包括联想猜测能力、快速反应能力、辨别分析能力、边听边记能力、记忆储存能力、听后模仿能力、检索监听能力和概括总结能力。闫丽萍(1998)针对杨惠元提出的"听后模仿法"展开思考,提出在课堂上进行"听—模仿—复述"的方法,将听和说有机结合,在提高听力的前提下还提高学生的口语水平。听力微技能的归纳和总结丰富了课堂听力训练方式,有利于对学习者进行有针对性的训练,提高学习者听力水平。但是学界也有不同的声音,如李红印(2000)提出听力课中不应忽视教授语言、扩大学生词汇量和传播文化知识等内容,听力课不能同技能训练混为一谈。他认为课堂教学是中心环节,应该受到重视,并据此提出把听力课教学具体划分为综合型的听力课教学、自助型的听力练习、附属型的技能训练以及应试型的强化训练四种。这种听力教学多层次划分观点强调不同层次教学既要各行其是也要相互配合,兼顾听力教学的多元性和实用性。听力技能的引入和发展是学界对听力课堂教学的新思考和新突破,为加强听力课的专业性和特殊性打下了基础。

　　教学需要理论的指导,许多学者汲取了国外先进的理论来指导汉语听力教学。其中,认知心理学对汉语听力教学的影响非常大,成为听力教学重要的理论基础。李秋霞(2009)从认知语境的角度出发,提出要先为学习者激活作为构建组块的生词和短语,再进行听力训练的观点。吴剑和万朵(2011)从图式理论着手,认为图式激活应该贯穿于听力的整个过程,包括听力前、听力中和听力后,中间的步骤最为关键。陈小燕(2011)设计了图式在听力三个阶段的具体应用过程。除了认知心理学,学者们也尝试从其他理论角度解读听力教学。王凤兰(2004)提出将会话含义理论的合作原则和礼貌原则应用于汉语听力教学中,用于理解话语表层含义和听力材料背后的深层含义,并将二者联系起来增强对目的语的敏感性,提高听力水平。毕彦华(2010)也从会话含义理论的合作原则视角出发,探讨如何分析说话人的隐含意义,从而提高汉语听力水平。还有部分学者注意到了听力教学中过度分裂听、说、写、读而导致的种种脱节问题,认为不能孤立训练单一能力,而要把输入技能和输出技能进行有机结合。郭冰珂(2013)基于语境理论强调上下文的重要性,注重听力辨别、切分和解码过程,最终使学习者达到理解话语意义的目的,将听说结合以解决学习者在汉语听力学习中的问题,提高学生在真实语言环境中的汉语交际能力。汉语听力教学界在借鉴国外先进理论的基础上结合汉语听力自身的特性,不断完善和发展对外汉语听力理论,不断深化理论知识的应用与探索,为汉语听力教学实践提供了坚实的理论基石。

还有许多学者对听力课教学内容进行了探索,以期提高听力课的课堂效率和学生听力课获得感。刘颂浩(2001)总结了 20 世纪 80、90 年代汉语作为第二语言听力研究的十个方面,其中涉及听力教学的有听力课性质、课堂教学、听力难点、听力材料语速问题、听力微技能、听力训练方法和听力教材编写原则等。蔡薇(2019)综合梳理近二十年汉语听力教学的研究,探讨了听力课教学内容和方法、听力语速、听力教材等内容,还讨论了听力教学中的技术应用。以上研究综述较为全面地概括了近四十年来汉语听力教学的发展,并且从宏观层面提出有待研究的课题。比如听力材料的语速是影响听力的重要因素,孟国(2006)调查了不同性别、年龄、职业、交际环境和性格的人的说话语速,统计得出现阶段正常语速范围为 200—300 字/分钟,平均为 245 字/分钟。这一研究为听力教材的语速提供了参考标准。再如语体也是对外汉语听力教学亟须解决的问题。针对中、高级阶段学生走出课堂听不懂中国人日常谈话的问题,张莹(2009)考察了三部较为权威常用的听力教材中的汉语语体特征,发现这三部教材的语体风格不够清晰,而且教材中有关语体特征的解释比较少,不注重对学生进行语体听辨技能的训练。学界对听力课堂教学内容的讨论丰富而全面,尝试解决的问题也越来越多,这使得汉语听力研究更加充实,听力课堂教学再上一个台阶。

　　汉语听力教学研究领域有可圈可点的进步,但是汉语听力教学的现状仍令人担忧。听力课教学模式单一、师生的忽略心理、知识面相对较窄(王晓辉,2010)等种种问题导致学生收获甚微,汉语听力课没有得到师生应有的重视,听力课堂教学单一且枯燥,成为汉语教学的"冷门"。针对以上问题,学者们对听力教学模式提出了创新性改革。如谭春健(2004)对听力课长期采用单一的"听后理解"教学模式产生怀疑,提出以学生为中心的"理解后听"的新教学模式,即教师先给学生展示并讲解新语料,让学生先理解再听,学生在听的过程中将形式与意义相匹配,继而与汉语语音相匹配。其教学实验证明"理解后听"的教学模式加深了语言形式的内化,逐渐改变学生母语声音感应模式,最终达到提高听力理解能力的目的。刘颂浩(2009)基于兼顾思想和对语言交际能力的理解,提出一种崭新的听力教学模型。兼顾思想是指兼顾主要教学目的和其他教学目的,语言交际能力则包括语言能力、策略能力、流畅能力、背景能力和语用能力等五部分。他还从听力教材编写的角度详细阐述了听力训练语料的选择和处理,并抽象概括了一些常用的听力方法。牛长伟(2014)开展了"汉语新闻视听说"教学模式探索,以"视""听""说"一体化为理论基础,提出该教学模式的教学目标和设计思路,最后利用互联网共享性提出教学资源共享的构想。听力教学模式的革新主要体现在改变单一听力技能训练的现状,在听力教学中适当融入说、读、写等其他语言技能,增强听力教学的综合性和趣味性,使听力课堂教学摆脱放录音、对答案的固定流程和沉闷的上课氛围,在以听为课堂教学主要任务的基础上发展多样的教学模式。

除此之外,现代技术给听力教学带来了形式上的革新,如听力材料的选择和不同平台的运用等。在听力材料的选择上,中文电影(王皎,2012)和歌曲(荆宇,2013)在对外汉语听力课堂中的应用丰富了汉语听力教学,使听力学习走出教材,走向生活。吴佩炯(2011)关注到了视觉媒体技术的运用,用视听结合和输入与输出相结合的方法,培养学习者语言技能的综合运用能力和交际能力。王治理和吴浩楠(2020)以"中级汉语听力课程"作为研究对象,设计科学合理的听力在线教学模式,为汉语网络课程教学和研究提供参考。但是听力教学的研究步伐与科技进步相比还有所迟滞,现代科技并未充分应用到听力教学中,这一领域还有很大的研究空间。

随着听力教学研究从"如何教"向"如何学"转变,学习者在听力过程中如何高效地学习这一问题受到了研究者的重视,研究听力学习策略的学者越来越多。比如周磊(2004)以中级水平的在华韩国留学生为调查对象,研究了元认知策略、认知策略、社会情感策略与听力理解成绩的关系。虽说此研究样本量较小,且只涉及一个阶段和一个国别的学习者,但初步验证了元认知策略与听力成绩呈正相关,表明听力学习过程中的计划、监控和评估都非常重要。袁玲玲(2005)对初中级留学生进行了听力技能训练、认知策略训练和元认知策略训练,得出认知策略训练和元认知策略训练的效果较好的结论,进一步证实了听力策略的可教性。陈东芳、孔雪晴(2012)发现中亚留学生被动型汉语听力元认知策略能力较强,主动性策略能力使用较弱,如何让学习者主动学习以及学会如何学习成了一个难题。蔡燕、王尧美(2013)通过数据统计分析探讨了预科留学生使用听力策略的基本情况和个体差异,并结合HSK听力成绩分析两者的相关性。吴剑(2018)调查了初级水平留学生的汉语听力学习策略使用情况,发现留学生听力学习策略使用频率不高且使用不均衡,大部分听力策略使用与听力成绩呈正相关。听力学习策略的调查和研究丰富了听力教学的内涵,为听力教学发展提供了多种可能。

汉语听力教学研究一直属于国际中文教学领域中较为薄弱的环节之一,但是随着时代的发展和理论的革新,汉语听力教学研究方向更加多样,研究内容有所深化。

5.3.2　听力自主学习相关研究

英语作为二语教学已广泛融入自主学习理念,对其进行的相关研究取得了较为丰硕的成果。英语听力自主学习的研究主要体现在以下方面:

第一,英语听力自主学习学习策略的使用情况,包括元认知策略、认知策略和社会情感策略。申慧敏(2005)调查发现认知策略是大学生在英语听力自主学习中使用最频繁的,而社会情感策略容易被忽视,使用频率较低。听力成绩受听力策略使用的影响,二者呈正相关关系。苏风燕、吴红云(2008)分析了英语听力学习自主性的构成因子,归纳出影响非英语专业大学生听力学习自主性的两大因素,分别为元认知宏观调控要素和认知策略要素。丁潇潇(2011)调查了大学非英语专业学生在英语听力自主学习中的元认知意识。研究表明听力自主学习中的元认知意识不强。林莉兰(2006)用定性和定量相结合的方法进行实证研究,证明相较于传统课堂环境,网络自主学习环境能促进学生使用学习策略,实验班英语听力成绩具有显著整体优势。朱晓申、邓军涛(2011)采用问卷调查法、听力测试和学习策略培训的方法对英语听力自主学习进行实证研究,发现网络环境下大学英语听力自主学习有着诸多优势,听力学习策略是阻碍听力学习自主性的重要因素,对学生进行听力学习策略培训可以提升学生学习自主性。

第二,听力自主学习能力培养。史玮璇、李彩春(2007)从元认知策略的使用入手提出自主学习方法,加强学生听力自主学习的能力。戴宁熙(2007)、霍彩乔等(2013)提出英语听力自主能力培养的方法和途径,包括制订听力学习计划,选择合适的听力材料,创设良好的听力自主学习环境和进行有效的听力策略训练等。

第三,听力自主学习对听力水平的影响。Haleh Mojarrabi Tabrizi & Mahnaz Saeidi(2015)调查了以英语作为第二语言学习的伊朗女性学习者的自主学习能力与听力水平的关系,结果表明学习者听力自主学习信念和能力与听力水平呈正相关关系。

可以发现,以英语作为第二语言听力自主学习的研究已有一定基础,主要针对听力策略,特别是元认知策略和认知策略的使用情况进行。培养自主学习能力对提高学习者听力水平有至关重要的作用。

汉语作为第二语言的自主学习研究已初有成效,但是细化到汉语听力自主学习的研究屈指可数,仅有者林、罗晨和符佼琳。者林和罗晨(2011)从元认知理论出发,构建了培养外国学生听力自主学习培养模式,该模式主要内容有元认知知识、元认知体验和元认知监控等。符佼琳(2011)在信息技术发展、教学技术更新的背景下,以自主学习为理论基础。以汉语网络听力训练为切入点,提出具有针对性的网络汉语听力练习设计。

　　显然,与英语听力自主学习相比,汉语听力自主学习研究成果寥寥无几,仍较为滞后。汉语二语学习者的听力学习自主性及个体差异情况如何,我们还不得而知。自主学习中听力策略的使用情况、听力自主学习能力培养以及听力自主学习与听力理解能力关系等方向的课题大有研究前景。汉语听力自主学习研究尚缺少理论和实证研究,研究的深度和广度有待提升。

5.4　研究设计与实施

5.4.1　问卷设计

　　本研究依据第三章的"心理—能力—行为"三维模型,并结合听力的特殊性编制调查问卷,调查汉语二语学习者听力学习自主性及其影响因素。

　　心理维度测量学习者的动机、自我效能感和学习态度。在能力维度上,本研究以 O'Malley & Chamot(1990:44—46)的学习策略理论为依据,结合汉语听力理解过程的特点,将能力维度分为元认知策略能力、认知策略能力和社会/情感策略能力。元认知策略能力是指贯穿听力学习始终的思考,包括对听力练习的计划、监控和评估。认知策略能力是指能够在学习中使用适当的听力技巧和方法来处理听力材料,包括做笔记、缩写速记、复述、猜测词义、运用记忆规律、总结提取文章大意等。社会/情感策略能力是指学习者依靠语言或非语言手段选择与本族语者交流的方法,包括克服焦虑等影响听力过程的负面情绪、求助他人和学习中华文化等。行为维度分为课内自主行为和课外自主行为。课内自主行为主要包括学生对教师教学进度的跟进情况、对教学目标的把握和对教师课堂采取提高听力技能意图的领会情况等;课外自主行为包括学生对课外汉语听力学习时间的规划、完成教师布置任务情况、选择适合自己的听力材料情况等。

　　问卷一共包括两大部分。第一部分为问卷主体部分,从心理、能力、行为三个维度进行测量,共40题。心理维度共计7个题项,包括动机2题、自我效能感3题和学习态度2题;能力维度共计19个题项,包括认知策略能力10题、元认知策略能力5题和社会情感策略能力4;行为维度共计14个题项,包括课内自主行为6题和课外自主行为8题。该部分采用里克特(Likert)五度量表计分,1至5分别表示"完全不符合我的情况""通常不符合我的情况""有时符合我的情况""通常符合我的情况"以及"总是符合我的情况",要求被调查者根据自己的实际情况作出相应的选择。问卷的第二部分调查对象的基本信息,包括性别、年龄、国别等共计12项。问卷题项详见表5.1。

表 5.1　调查问卷题项分布表

	项 目 内 容	题 目 数 量
心理维度	动机	2
	自我效能感	3
	学习态度	2
能力维度	认知策略能力	10
	元认知策略能力	5
	社会情感策略能力	4

	项目内容	题目数量
行为维度	课内自主行为	6
	课外自主行为	8
基本信息		12
总　　计		52

由于被试者汉语水平不一,为帮助被试者更好地理解问卷内容,又考虑到英语为国际通用语言,本研究在设计问卷时采用英汉双语版本。笔者多次与英语母语者核对英文版问卷内容,删改问卷中的英文用词及其他歧义语句,最终形成定稿。

5.4.2　研究对象

本研究的调查对象都为某高校国际文化交流学院的留学生,既有语言进修生,也有学历生。他们学习的课程中开设有汉语听力课。一共收集问卷 95 份,去除无效答卷后共收集有效问卷81 份。在 81 名调查对象中,有男性 30 名,占 37%;女性 51 名,占63%。详情见表 5.2。

表 5.2　调查对象性别分布表

性　　别	人　　数	百分比
男	30	37
女	51	63
合　　计	81	100.0

调查对象分别来自韩国、日本、美国、加拿大等 32 个国家,国别分布范围非常广泛。根据调查需求,将不同国别的学生分为亚洲文化圈和非亚洲文化圈,其中亚洲文化圈人数为 40 人,占 49.4%;非亚洲文化圈人数为 41 人,占 50.6%。详情见表 5.3。

表 5.3　调查对象文化圈分布表

文 化 圈	人 数	百分比
亚洲文化圈	40	49.4
非亚洲文化圈	41	50.6
合　计	81	100.0

本研究将学生按年龄分为 4 组,详情见表 5.4。

表 5.4　调查对象年龄分布表

年 龄 段	人 数	百分比
20 岁及以下	29	35.8
21—25 岁	30	37
26—29 岁	10	12.3
30 岁及以上	12	14.8
合　计	81	100.0

从表 5.4 可知,本研究的调查对象中,20 岁及以下的有 29 人,占 35.8%;21—25 岁的有 30 人,占 37%;25—29 岁的有 10 人,占

12.3％;30 岁及以上的有 12 人,占 14.8％。

本研究在问卷中请调查对象对自己的性格做自我评价,基本信息部分题项 6 为"我认为我是一个开朗外向的人",选项从 1 至 5 分别为"完全不符合我的情况""通常不符合我的情况""有时符合我的情况""通常符合我的情况"和"总是符合我的情况"。我们将选择 1 和 2 的调查对象分为内向组,选择 3 的分为中间组,选择 4 和 5 的分为外向组。调查对象性格分布见表 5.5。

表 5.5　调查对象性格分布表

性　　格	人　　数	百分比
外　　向	47	58
中　　间	18	22.2
内　　向	16	19.8
合　　计	81	100.0

本次调查对象中有 47 名认为自己是外向的,占 58％;有 18 名认为自己处于中间性格,占 22.2％;还有 16 名认为自己内向,占 19.8％。

本次研究还调查了调查对象的汉语水平。我们根据调查对象的 HSK 等级划分其汉语水平。根据"汉语考试服务网"①关于 HSK 的介绍,本研究将 HSK 一、二级对应为初级水平,HSK 三、四级对应为中级水平,HSK 五、六级对应为高级水平。在处理数

① http://www.chinesetest.cn/index.do

据时发现有 26 人没有参加过 HSK 考试,且均为某高校国际文化
交流学院的汉语语言进修生。该学院根据语言生的汉语水平分为
A 至 I 段,每一段开设一定数量的平行班。因为 A 段没有听力课,
故调查对象来自 B-I 班。本研究通过对比同等级班级中参加了
HSK 考试学生的成绩发现,B、C 班学生 HSK 考试成绩都为一级
或二级水平,对应初级水平;D、E 班学生 HSK 考试成绩都为三级
或四级,对应中级水平;F、G、H、I 班学生 HSK 考试成绩都达到了
HSK 五级及以上,对应高级水平。至此,全部 81 名调查对象的汉
语水平详细分布情况见表 5.6。

表 5.6　调查对象汉语水平分布表

汉语水平	人　数	百分比
初　　级	10	12.3
中　　级	15	18.5
高　　级	56	69.1
合　　计	81	100.0

可知本次随机取样的调查对象的汉语水平分布不均衡,高级
水平的学习者超过半数,有 56 人,占 69.1%;中级 15 人,占 18.5%;
初级只有 10 人,占 12.3%。之所以出现这种情况,主要是因为受
疫情影响,来该大学学习汉语的语言生人数锐减,在学校学习的
留学生大多为学历生。而该大学对外国学历生的汉语水平要求
为 HSK5 级 210 分以上或者 HSK6 级 180 分以上,即学历生要达
到汉语高级水平才能就读。导致此次调查对象高级水平学习者
居多。

本研究还调查了调查对象掌握外语的种类,详情见表5.7。

表 5.7　　调查对象掌握外语种类表

掌握外语种类	人　数	百分比
一　　种	20	24.7
两　　种	36	44.4
三　　种	19	23.5
三种以上	6	7.4
合　计	81	100.0

由表5.7可知,掌握一种外语的调查对象有20人,占24.7%;掌握两种外语的有36人,占44.4%;掌握三种外语的有19人,占23.5%;掌握三种以上外语的有6人,占7.4%,绝大多数调查对象有丰富的语言学习经历。

本研究还调查了调查对象汉语学习时间,详情见表5.8。

表 5.8　　调查对象汉语学习时间表

学 习 时 间	人　数	百分比
一年及以下	14	17.3
一年到两年	9	11.1
两年到三年	21	25.9
三年及以上	37	45.7
合　计	81	100.0

其中学习汉语一年及以下的调查对象有 14 人,占 17.3％;学习汉语一到两年的有 9 人,占 11.1％;学习汉语两到三年的有 21 人,占 25.9％;学习汉语三年及以上的有 37 人,占 45.7％。

本研究还统计了调查对象每周课外听力练习时间,结果见表 5.9。

表 5.9　研究对外课堂汉语听力练习时间

每周课外听力练习时间	人　数	百分比
30—60 分钟	19	23
1—2 小时	21	26
2—4 个小时	13	16
4 小时以上	16	20
几乎没有	12	15
合　计	81	100.0

从表 5.9 可知,每周进行 30—60 分钟课外听力学习的调查对象有 19 人,占 23％;每周进行 1—2 小时课外听力练习的最多,有 21 人,占 26％;每周进行 2—4 小时课外听力练习的有 13 人,占 16％;每周进行超过 4 小时课外听力练习的有 16 人,占 20％;还有 12 人(15％)的调查对象几乎没有任何课外听力练习时间。

除此之外,本研究设置了关于听力难点的多选题,结果见图 5.1。

从图 5.1 中可以发现,这些学生认为的听力难点依次是语速、词汇和语法,然后是中国文化和语音。国内外众多研究已表明,在外语学习者所反映的众多听力困难中,语速偏快是一个主要听力障碍(李佳,2021)。Bosker & Reinisch(2015)认为这是因为认知负荷的大量增加会挤占听者大脑中有限的处理资源。听力作为一

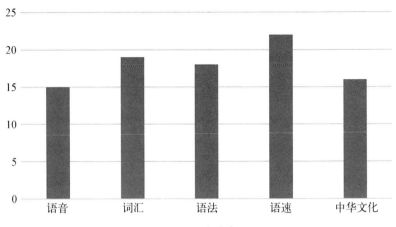

图 5.1　听力难点图

种语言技能,学习的最终目的是能掌握目的语的语言知识,即语法、词汇、语音和文化等。听力课虽然是一门单项技能课,也需要与其他课型相关联,词汇量多少、对语法的理解程度和语音标准程度甚至中华文化知识都会成为学习者听力学习道路上的绊脚石。

5.4.3　研究步骤

本研究具体步骤为设计问卷、分发问卷、回收问卷和筛选有效数据以及统计分析。我们采取随机抽样的方法分发问卷。一部分为纸质问卷,另一部分为问卷星线上问卷。数据收集完毕后输入Microsoft Excel 并筛选出有效数据进行整理,然后将有效数据导入 SPSS 20.0 统计软件进行分析处理。

5.4.4　问卷的信度和效度

本研究将问卷数据进行整理以后,以克伦巴赫系数作为考察量表内部一致性的指标,对问卷的信度进行了考察。结果表明,总问卷的 Cronbach's $\alpha=0.906>0.70$,说明问卷整体信度非常高。心理维度的 Cronbach's $\alpha=0.561>0.50$,达到了信度的基本要求;能力维度(Cronbach's $\alpha=0.840$)和行为维度(Cronbach's $\alpha=0.866$)

的信度均＞0.70,比较理想;总问卷和三维度的内在一致性系数如表 5.10 所示。

表 5.10　听力自主学习问卷各维度、总问卷同质性信度表

心　　理	能　　力	行　　为	总问卷
0.561	0.840	0.866	0.906

在进行因子分析前,要进行探索性分析观测变量是否呈线性关系,因此要用 KMO 和 Bartlett 球形检验进行线性检验,得到问卷的结构效度。本研究对 40 个题项进行探索性因素分析,KMO和 Bartlett 球形检验结果见表 5.11。

表 5.11　听力自主学习问卷 KMO 和 Bartlett 的检验结果

取样足够度的 Kaiser - Meyer - Olkin 度量	0.706
近似卡方	1 743.259
Bartlett 的球形度检验 df	780
Sig.	0.000

从表 5.11 中得知 KMO 值为 0.706＞0.7,说明问卷项目适合进行因子分析;Bartlett 球形检验的结果表明,近似卡方＝1 743.259,自由度(df)为 780,达到 0.000 显著水平,说明样本数据呈球形分布,各个变量在一定程度上相互独立,具有较好的线性关系,适合对数据进行因子分析。

由此可知,本研究制订的《汉语二语学习者听力自主学习调查问卷》具有较好的信度和效度指标,可以满足后续研究的要求。

5.5　研 究 结 果

5.5.1　听力自主学习"心理—能力—行为"三维模型探索

我们在第三章构建了汉语自主学习"心理—能力—行为"三维模型,心理维度与能力维度互相具有显著的正向影响,能力维度与行为维度互相具有显著的正向影响,而心理维度与行为维度之间互相不具有显著的正向影响关系。该模型体现了两条作用链:第一条作用链为心理层面的准备能促进自主学习能力的提高,而能力的发展最终将促成自主学习行为。第二条作用链与第一条是反向的,即实际学习过程中的自主学习行为能促进能力的发展,而能力的提升也会坚定心理层面的意志和增强自信。但仅仅是心理层面的因素并不会对学习者的行为产生直接影响,行为也不会直接促进心理层面的提升。这二者之间需要能力维度作为纽带。如图 5.2。

细化到听力自主学习,三个维度之间是否也具有相同的相关关系呢?我们对数据进行了线性回归分析,结果见表 5.12。

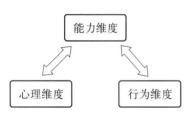

图 5.2　三个维度的相关关系图

表 5.12　线性回归分析结果表

自变量	因变量	非标准化系数		标准系数	t	Sig.	共线性统计	
		B	标准误差	Beta			容差	VIF
能力维度	心理维度	0.224	0.042	0.586	5.383	0.000	0.662	1.510
行为维度		0.028	0.052	0.060	0.551	0.583	0.662	1.510

自变量	因变量	非标准化系数		标准系数	t	Sig.	共线性统计	
		B	标准误差	Beta			容差	VIF
心理维度	能力维度	1.209	0.225	0.462	5.383	0.000	0.840	1.191
行为维度		0.490	0.106	0.396	4.611	0.000	0.840	1.191
心理维度	行为维度	0.137	0.248	0.065	0.551	0.583	0.615	1.627
能力维度		0.437	0.095	0.541	4.611	0.000	0.615	1.627

研究发现,能力维度对心理维度的产生显著正影响($\beta=0.224>0$, $p=0.000<0.05$),行为维度对心理维度的影响不显著($p=0.583>0.05$)。$VIF=1.510<5$,因变量和自变量不存在多重共线性,表明结果准确可靠。

心理维度对能力维度产生显著正影响($\beta=1.209$, $p=0.000<0.05$),行为维度对能力维度同样产生显著正影响($\beta=0.49$, $p=0.000<0.05$)。$VIF=1.191<5$,自变量与因变量不存在多重共线性,反映此回归模型的准确性和可靠性。

心理维度对行为维度影响不显著($p=0.583>0.05$),能力维度对行为维度呈现显著正影响($\beta=0.437>0$, $p=0.000<0.05$),且$VIF=1.627<5$,因变量和自变量不存在多重共线性,表明结果准确可靠。

由此可知,听力自主学习三个维度之间的相关关系与总体自主学习的三维关系保持一致,同样有两条作用链:一方面,学习者的心理对能力产生影响,继而能力对行为产生最终影响;另一方面,学习者的行为会反过来作用于能力,继而能力对心理产生影响,而心理不会直接作用于行为,行为也不能直接影响心理层面。

在听力自主学习这个细分领域,其三个维度之间的相关关系再一次验证了我们在第三章的假设。

5.5.2　听力学习自主性分析

5.5.2.1　汉语二语学习者听力学习自主性

听力自主学习调查问卷共有 40 个题项,各项目得分及总分情况见表 5.12。

表 5.13　被试听力学习自主性得分详情表

	分值	极小值	极大值	平均值	标准差	题目数量	各项平均值
心理维度	35	17	34	25.98	3.940	7	3.71
动机	10	2	10	6.88	1.965	2	3.44
自我效能感	15	7	15	11.37	2.176	3	3.79
学习态度	10	4	10	7.73	1.581	2	3.87
能力维度	95	37	91	69.10	10.302	19	3.64
认知策略能力	50	21	50	36.48	6.417	10	3.65
元认知策略能力	25	5	25	17.44	3.354	5	3.49
社会情感策略能力	20	7	20	15.17	2.664	4	3.79
行为维度	70	23	68	50.06	8.325	14	3.58
课内自主行为	30	10	30	22.21	3.965	6	3.70
课外自主行为	40	12	40	27.60	6.142	8	3.45
听力学习自主性	200	103	190	145.14	19.166	40	3.63

　　问卷满分为 200 分,得分越高表明听力学习自主性越强。而受调查汉语听力学习自主性平均得分为 145.14 分,极大值为 190,极小值为 103。从图 5.3 可更直观地看到,学习者的听力学习自主性分数集中在 130 至 160 分之间,数据符合正态分布。

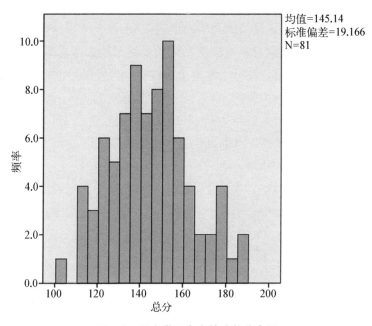

均值=145.14
标准偏差=19.166
N=81

图 5.3　听力学习自主性分数分布图

　　单项平均值满分为 5 分,调查对象的听力学习自主性单项均值为 3.63,表明汉语听力学习自主性为中等水平[①]且差异较大。心理、能力和行为维度的平均值从 3.71 到 3.64 再到 3.58,呈递减趋势,表明学习者从心理到能力,最后落实到行动上的表现有

---

　　① 我们将学习自主性等级标准定为:得分≤3 为差;3<得分≤3.5 为中下;3.5<得分≤4 为中;4<得分≤4.5 为中上;4.5<得分≤5 为高。

一定落差。

　　在心理维度上,学习动机的均值最低,为 3.44 分,学习态度的均值最高,达到 3.87 分。能力维度的均值为 3.64。Oxford(1990:291)[1]提出用各项策略平均值判断学习者使用该项策略的频率,由此可知这些学生使用听力策略的频率较为频繁。认知策略能力平均值为 3.65,元认知策略能力平均值为 3.49,社会情感策略能力平均值为 3.79,表示学习者经常使用认知策略和社会情感策略,仅有时使用元认知策略。在行为维度上,课内自主学习行为均值为 3.7;课外自主学习行为均值为 3.45。学习者的课内自主学习行为表现比课外自主学习行为好。

5.5.2.2　个体因素对听力学习自主性的影响

5.5.2.2.1　性别

　　本研究采用独立样本 t 检验验证性别在听力学习自主性上是否有显著差异。结果表明女性(均值=147.53)的听力学习自主性优于男性(均值=141.07),但此差异无统计学意义($t=-1.476$,$p=0.144>0.05$)。检验结果见表 5.14。

表 5.14　不同性别听力学习自主性独立样本 t 检验结果表

		组统计量		均值方程的 t 检验		
		均　值	标准差	t	df	Sig.(双侧)
听力学习自主性	男	141.07	17.611	−1.476	0.79	0.144
	女	147.53	19.801			

①　平均值在 1.0—1.4 之间表示"从不使用该策略",平均值在 1.5—2.4 之间表示"很少使用该策略",平均值在 2.5—3.4 之间表示"有时使用该策略",平均值在 3.5—4.4 之间表示"经常使用该策略",平均值在 4.5—5.0 之间表示"总是使用该策略"。

进一步进行独立样本 t 检验验证性别在心理、能力和行为三个维度上是否有显著差异,结果见表 5.15。

表 5.15　不同性别在心理、能力、行为三维度
独立样本 t 检验结果表

		组统计量		均值方程的 t 检验		
		均　值	标准差	t	df	Sig.(双侧)
心理维度	男	25.10	3.305	−1.547	79	0.126
	女	26.49	4.216			
能力维度	男	66.73	10.628	−1.600	79	0.114
	女	70.49	9.949			
行为维度	男	49.23	8.203	−0.685	79	0.496
	女	50.55	8.439			

由表 5.15 各项均值可知,女性在三个维度上都高于男性,但差异在心理维度($t = -1.547 < 0$, $p = 0.126 > 0.05$)、能力维度($t = -1.600 < 0$, $p = 0.114 > 0.05$)和行为维度($t = -0.685 < 0$, $p = 0.496 > 0.05$)上均无统计学意义。

5.5.2.2.2　年龄

本研究根据年龄将调查对象分为 20 岁及以下、21—25 岁、26—29 岁和 30 岁及以上四组。

我们先进行方差齐性检验,$p = 0.019 < 0.05$,可知听力学习自主性数据方差不齐,不能进行方差分析。因此我们通过均值相等性的健壮性检验(Welch 检验和 Brow - Forsythe 检验)检验四个组别在听力学习自主性上的差异是否显著,结果见表 5.16。

表 5.16　不同年龄组别听力学习自主性均值相等性的健壮性检验表

		统计量[a]	显著性
听力学习自主性	Welch	1.686	0.192
	Brow‐Forsythe	2.417	0.077

a. 渐近 F 分布

根据检验结果可知，Welch 检验中 $p=0.192>0.05$，Brow‐Forsythe 检验 $p=0.077>0.05$，可以确定四组年龄段的调查对象在听力学习自主性上差异不显著。

我们再对年龄在听力学习自主性的心理、能力和行为三个维度上的表现进行分析。同样需要先对数据进行方差齐性检验，结果表明心理维度（$p=0.097>0.05$）和行为维度（$p=0.492>0.05$）的方差呈齐性，可以进行单因素方差分析，结果见表 5.17。

表 5.17　不同年龄组别心理和行为维度的单因素方差分析表

		平方和	df	均方	F	显著性
心理维度	组间	85.129	3	28.376	1.906	0.136
	组内	1 131.758	76	14.892		
	总数	1 216.888	79			
行为维度	组间	171.881	3	57.294	0.842	0.475
	组内	5 172.607	76	68.061		
	总数	5 344.488	79			

从表 5.17 得知，不同年龄学习者在心理维度（$F=1.906$，$p=0.136>0.05$）和行为维度（$F=0.842$，$p=0.475>0.05$）都不具有显

著差异。

能力维度方差不齐($p=0.001<0.05$),不能进行方差分析,则进行均值相等性的健壮性检验,结果见表 5.18。

表 5.18　不同年龄组别能力维度的均值相等性健壮性检验表

		统计量[a]	显著性
能力维度	Welch	1.645	0.199
	Brow - Forsythe	2.440	0.082

a. 渐近 F 分布

从表 5.18 可知 Welch 检验 $p=0.199>0.05$,Brow - Forsythe 检验 $p=0.082>0.05$,不同年龄组别在能力上没有显著差异。

综上可以得出结论:不同年龄段学习者的听力学习自主性差异不具有统计学意义。不同年龄组别的汉语学习者在心理、能力和行为三维度上不具有显著差异。

5.5.2.2.3　文化圈

本研究根据调查对象的文化背景分为亚洲文化圈和非亚洲文化圈,用独立样本 t 检验比较不同文化圈在听力学习自主性上的差异,检验结果见表 5.19。

表 5.19　不同文化圈听力学习自主性独立样本 t 检验结果表

		组统计量		均值方程的 t 检验		
		均　值	标准差	t	df	Sig.(双侧)
听力学习自主性	亚洲文化圈	147.73	18.420	1.204	79	0.232
	非亚洲文化圈	142.61	19.765			

*. 均值差的显著性水平为 0.05

亚洲文化圈听力学习自主性均值为 147.73,非亚洲文化圈听力学习自主性均值为 142.61,亚洲文化圈均值略高于非亚洲文化圈,但是差异不显著($t=1.204$,$p=0.232>0.05$)。

本研究进一步进行独立样本 t 检验来检验文化圈在心理、行为和能力三个维度上是否有显著差异,结果见表 5.20。

表 5.20　不同文化圈三维度独立样本 t 检验结果表

		组统计量		均值方程的 t 检验		
		均　值	标准差	t	df	Sig.(双侧)
心理维度	亚洲文化圈	26.53	4.057	1.244	79	0.217
	非亚洲文化圈	25.44	3.795			
能力维度	亚洲文化圈	70.48	9.887	0.706	79	0.482
	非亚洲文化圈	67.76	10.641			
行为维度	亚洲文化圈	50.73	8.551	1.191	79	0.237
	非亚洲文化圈	49.41	8.152			

可以发现,不同文化圈在心理维度($t=1.244$,$p=0.217>0.05$)、能力维度($t=0.706$,$p=0.482>0.05$)和行为维度($t=1.191$,$p=0.237>0.05$)上均无显著差异。

5.5.2.2.4　性格

本研究将性格作为因子进行方差分析。首先进行方差齐性检验,所有项目都符合方差齐性($p>0.05$),可以进行方差分析。

首先观察不同性格在听力学习自主性上的差异,结果见表 5.21。

表 5.21　不同性格听力学习自主性单因素方差分析表

		平方和	df	均方	F	显著性
听力学习自主性	组间	24.967	2	12.483	2.751	0.070
	组内	353.922	78	4.537		
	总数	378.889	80			

＊. 均值差的显著性水平为 0.05

结果表明三组性格的调查对象在听力学习自主性上没有显著差异（$F=2.751$，$p=0.07>0.05$）。

进一步考察不同性格在心理、能力和行为三个维度的方差分析，结果见表 5.22。

表 5.22　不同性格心理、能力和行为三维度单因素方差分析表

		平方和	df	均方	F	显著性
心理维度	组间	103.362	2	51.681	3.540	0.034
	组内	1 138.589	78	14.597		
	总数	1 241.951	80			
能力维度	组间	319.465	2	159.733	1.525	0.224
	组内	8 171.744	78	104.766		
	总数	8 491.210	80			
行为维度	组间	495.225	2	247.612	3.825	0.026
	组内	5 049.467	78	64.737		
	总数	5 544.691	80			

＊. 均值差的显著性水平为 0.05

　　根据方差分析结果可知,不同性格的三组调查对象在心理维度($F=3.540$, $p=0.034<0.05$)和行为维度($F=3.825$, $p=0.026<0.05$)上有显著差异,在能力维度($F=1.525$, $p=0.224>0.05$)上无显著差异。

　　通过进一步查看多重比较结果,可以发现不同性格学习者在心理维度和行为维度上的组间差异,具体结果见表 5.23。

表 5.23　　不同性格心理和行为维度 Bonferroni 多重比较表

因变量	性格	性格	均值差	标准误	显著性
心理维度	外向	内向	2.744*	1.066	0.036
		中间	1.467	1.066	0.518
	中间	内向	1.278	1.274	0.956
行为维度	外向	内向	6.044*	2.244	0.026
		中间	0.378	2.244	1.000
	中间	内向	5.667	2.682	0.113

*. 均值差的显著性水平为 0.05

　　Bonferroni 多重比较结果表明:在心理维度上,外向组和内向组具有显著差异($p=0.036<0.05$),外向组和中间组($p=0.518>0.05$)以及中间组和内向组($p=0.956>0.05$)的差异不具有统计学意义。根据均值差可知,不同性格组别在心理维度得分排序为:外向组>中间组>内向组,其中外向组和内向组之间的差异具有统计学意义。

　　在行为维度上,外向组与内向组差异显著($p=0.026<0.05$),外向组与中间组($p=1.000>0.05$)以及中间组与内向组($p=0.113>$

0.05)差异均无统计学意义。根据均值差可知不同性格组别在行为维度得分排序为:外向组>中间组>内向组,其中外向组和内向组之间的差异具有统计学意义。

最后我们得出以下结论:不同性格组别的听力学习自主性不具有显著差异。在心理维度上,外向组显著高于内向组,排序为:外向组>中间组>内向组;不同性格组别在能力上的差异无统计学意义;在行为维度上,外向组得分显著高于内向组,排序为:外向组>中间组>内向组。

5.5.2.3 学情因素对听力学习自主性的影响

5.5.2.3.1 汉语水平

本研究将调查对象的汉语水平分为初级、中级和高级,并作为因子进行方差分析。我们需要先对数据进行方差齐性检验,结果表明所有因变量方差为齐性($p>0.05$),可以进行方差分析。

不同水平的汉语学习者在听力学习自主性上差异显著($F=4.097$,$p=0.020<0.05$)。详细结果见表5.24。

表5.24 不同汉语水平调查对象听力学习
自主性单因素方差分析表

		平方和	df	均方	F	显著性
听力学习自主性	组间	527.119	2	263.559	4.097	0.020
	组内	5 017.573	78	64.328		
	总数	5 544.691	80			

*.均值差的显著性水平为0.05

通过事后多重比较可知,初、中、高级水平学习者听力学习自主性的组间差异,详细数据见表5.25。

表 5.25　不同汉语水平听力学习自主性 Bonferroni 事后多重比较结果表

因变量	汉语水平	汉语水平	均值差	标准误	显著性
听力学习自主性	初级	中级	−4.533	3.274	0.510
		高级	−7.554*	2.753	0.023
	中级	高级	3.020*	2.332	0.597

初级水平和高级水平学习者差异显著（$p=0.023<0.05$），根据均值差可知，不同水平汉语学习者听力学习自主性排序为：初级＜中级＜高级。

进一步考察心理、能力和行为的单因素方差分析，结果见表 5.26 所示。

表 5.26　不同水平调查对象三维度单因素方差分析表

		平方和	df	均方	F	显著性
心理维度	组间	79.064	2	39.532	2.652	0.077
	组内	1 162.887	78	14.909		
	总数	1 241.951	80			
能力维度	组间	681.681	2	340.841	3.404	0.038
	组内	7 809.529	78	100.122		
	总数	8 491.210	80			
行为维度	组间	527.119	2	263.559	4.097	0.020
	组内	5 017.573	78	64.328		
	总数	5 544.691	80			

＊. 均值差的显著性水平为 0.05

可知不同水平的调查对象在心理维度上无显著差异（$F =$ 2.652，$p = 0.077 > 0.05$），在能力维度（$F = 3.404$，$p = 0.038 < 0.05$）和行为维度（$F = 4.097$，$p = 0.020 < 0.05$）上差异显著。

接下来通过事后多重比较观察不同水平学习者在能力维度和行为维度上的组间差异，见表5.27。

表 5.27　不同汉语水平调查对象能力和行为
Bonferroni 多重比较结果

因变量	汉语水平	汉语水平	均值差	标准误	显著性
能力维度	初级	中级	0.400	4.085	1.000
		高级	−6.036	3.435	0.248
	中级	高级	−6.436	2.909	0.090
行为维度	初级	中级	−4.533	3.274	0.510
		高级	−7.554*	2.753	0.023
	中级	高级	−3.020	2.332	0.597

＊. 均值差的显著性水平为 0.05

从事后多重比较结果得知，不同汉语水平的学习者在能力维度上无显著差异（$p_{初级-中级} = 1.000 > 0.05$；$p_{初级-高级} = 0.248 > 0.05$；$p_{中级-高级} = 0.090 > 0.05$）。因为 Bonferroni 多重比较在统计时更加保守，因此我们采用这一结果；在行为维度上，初级水平和高级水平学习者差异显著（$p = 0.023 < 0.05$），根据均值差可知，不同水平学习者在行为维度上排序为：初级＜中级＜高级。

本研究还探究了不同汉语水平与听力学习自主性的相关性，Spearman 相关分析统计数据见表 5.28。

表 5.28　汉语水平与听力学习自主性 Spearman 相关分析表

		听力学习自主性
汉语水平	相关系数	0.357**
	Sig.(双侧)	0.001

**. 在置信度(双侧)为 0.01 时,相关性是显著的

结果显示,调查对象的汉语水平与听力学习自主性相关系数为 0.357>0,且 $p=0.001<0.01$,可知学习者汉语水平与其听力学习自主性呈正相关关系,即汉语水平越高,听力学习自主性越强,反之亦然,听力学习自主性越强,汉语水平越高。

我们进一步探究不同汉语水平与心理、能力、行为三维度的相关性,分析结果见表 5.29。

表 5.29　汉语水平与心理、能力、行为维度 Spearman 相关分析表

		心理维度	能力维度	行为维度
汉语水平	相关系数	0.293**	0.293**	0.309**
	Sig.(双侧)	0.008	0.008	0.005

**. 在置信度(双侧)为 0.01 时,相关性是显著的

调查对象的汉语水平与三个维度听力学习自主性的相关系数分别为 0.293、0.293、0.309,均大于 0,p 值分别为 0.008、0.008、0.005,均小于 0.01,他们的汉语水平与心理、能力、行为三维度同样呈正相关,即汉语水平越高,心理、能力、行为三维度得分也越高,反之亦然。

综合以上统计可知:

不同汉语水平学习者的听力学习自主性差异显著。初级水平学习者的听力学习自主性显著低于高级水平的,排序为:初级<中级<高级。

不同汉语水平的学习者在心理维度和能力维度上无显著差异,在行为维度上差异显著。初级水平和高级水平学习者在行为维度上差异显著,其排序为:初级<中级<高级。

学习者的汉语水平与听力学习自主性呈显著正相关关系,他们的汉语水平与心理、能力、行为三个维度也分别呈显著正相关关系。

5.5.2.3.2　掌握外语数量

本研究将调查对象掌握外语种类的情况分为四类,分别为掌握一种外语、掌握两种外语、掌握三种外语以及掌握三种以上外语。

首先,为了能对四类情况的听力学习自主性进行方差分析,我们先进行了方差齐性检验,发现方差齐性检验 $p=0.044<0.05$,不符合方差齐性,因此进行均值相等性的健壮性检验,结果见表5.30。

表 5.30　掌握不同外语数量调查对象听力学习
自主性均值相等性的健壮性检验表

		统计量[a]	显著性
听力学习自主性	Welch	0.670	0.581
	Brow - Forsythe	0.737	0.536

a. 渐近 F 分布

可以发现,Welch 检验 $p=0.581>0.05$,Brow - Forsythe 检验 $p=0.536>0.05$,可知掌握外语数量不同的调查对象在听力学习自主性上无统计学差异。

接下来对掌握外语数量情况在听力学习自主性的三个维度上

进行方差分析。我们先进行方差齐性检验，三个维度的 p 值均＞0.05，方差齐性，可以进行单因素方差分析，分析结果见表5.31。

表 5.31　掌握不同外语数量的调查对象
各项目单因素方差分析表

		平方和	df	均方	F	显著性
心理维度	组间	18.578	3	6.193	0.390	0.761
	组内	1 223.373	77	15.888		
	总数	1 241.951	80			
能力维度	组间	325.479	3	108.493	1.023	0.387
	组内	8 165.731	77	106.048		
	总数	8 491.210	80			
行为维度	组间	80.695	3	26.898	0.379	0.768
	组内	5 463.997	77	70.961		
	总数	5 544.691	80			

＊．均值差的显著性水平为 0.05

从表5.31可知，掌握不同外语数量的学习者在心理维度（$F=0.390$，$p=0.761＞0.05$）、能力维度（$F=1.023$，$p=0.387＞0.05$）和行为维度（$F=0.379$，$p=0.768＞0.05$）上的差异均无统计学意义。

由此可知，掌握不同外语数量的学习者的听力学习自主性无显著差异，在心理、能力和行为三维度上也无显著差异。

5.5.2.3.3　汉语学习时间

本研究根据汉语学习时间将调查对象分为一年以下、一到两

年、两到三年和三年及以上共四组。为比较不同汉语学习时间的
调查对象在听力学习自主性上的差异,我们将汉语学习时间作为
因子进行方差分析。在此之前先进行方差齐性检验,得知 $p >$
0.05,方差齐性,可以进行方差分析。

分析结果表明,汉语学习时间不同的学习者在听力学习自主
性上差异显著($F = 3.171$,$p = 0.029 < 0.05$),具体数据见表 5.32。

表 5.32 不同汉语学习时间的调查对象听力
学习自主性单因素方差分析表

		平方和	df	均方	F	显著性
听力学习自主性	组间	3 231.510	3	1 077.170	3.171	0.029
	组内	26 155.996	77	339.688		
	总数	29 387.506	80			

＊. 均值差的显著性水平为 0.05

为了进一步观察不同汉语学习时间学习者的组间差异,我们
继而进行了多重比较分析,比较结果见表 5.33。

表 5.33 不同汉语学习时间学习者听力学习
自主性 Bonferroni 多重比较表

因变量	(I) 汉语学习时间	(J) 汉语学习时间	均值差(I-J)	标准误差	显著性
听力学习自主性	一年及以下	一到两年	−19.397	7.874	0.096
		两到三年	−8.333	6.359	1.000
		三年及以上	−15.556	5.783	0.053

续　表

因变量	(I) 汉语学习时间	(J) 汉语学习时间	均值差(I−J)	标准误差	显著性
听力学习自主性	一到两年	两到三年	11.063	7.343	0.816
	一到两年	三年及以上	3.841	6.850	1.000
	两到三年	三年及以上	−7.223	5.036	0.933

＊．均值差的显著性水平为 0.05

通过 Bonferroni 多重比较发现，p 值均＞0.05，表明不同汉语学习时间的学习者在听力学习自主性上并无显著差异。我们采用更为保守的 Bonferroni 多重比较分析结果。

汉语听力学习自主性三个维度的单因素方差分析结果显示，不同汉语学习时间的调查对象在能力维度（$F=3.305$，$p=0.025<0.05$）上差异显著，在心理维度（$F=2.521$，$p=0.064>0.05$）和行为维度（$F=1.361$，$p=0.261>0.05$）上都差异不显著，具体数据见表 5.34。

表 5.34　不同汉语学习时间调查对象三维度单因素方差分析表

		平方和	df	均方	F	显著性
心理维度	组间	111.057	3	37.019	2.521	0.064
	组内	1 130.894	77	14.687		
	总数	1 241.951	80			
能力维度	组间	968.573	3	322.858	3.305	0.025
	组内	7 522.637	77	97.697		
	总数	8 491.210	80			

		平方和	df	均方	F	显著性
行为维度	组间	279.151	3	93.050	1.361	0.261
	组内	5 265.540	77	68.384		
	总数	5 544.691	80			

＊. 均值差的显著性水平为 0.05

接下来我们进一步对能力维度进行多重比较分析,结果见表 5.35。

表 5.35　不同汉语学习时间调查对象的能力
维度 Bonferroni 多重比较表

因变量	汉语学习时间	汉语学习时间	均值差	标准误	显著性
能力维度	一年及以下	一到两年	−9.094	4.223	0.138
		两到三年	−5.429	3.410	0.693
		三年及以上	−9.139*	3.101	0.025
	一到两年	两到三年	4.365	3.938	1.000
		三年及以上	−0.655	3.674	1.000
	两到三年	三年及以上	−3.710	2.700	1.000

＊. 均值差的显著性水平为 0.05

能力维度的 Bonferroni 多重比较结果显示,学习时间为一年及以下的调查对象在能力上与三年及以上的有显著差异($p = 0.025 < 0.05$),其他组别之间的差异均无统计学意义($p > 0.05$)。

不同汉语学习时间的调查对象在能力维度上的排序为：一年及以下＜两到三年＜一到两年＜三年及以上。

综上我们可以得出以下结论：

不同汉语学习时间调查对象的听力学习自主性无显著差异。

不同汉语学习时间的调查对象在心理和行为上无显著差异。在能力上有显著差异，学习时间一年及以下的学习者与三年及以上的学习者有显著差异，排序为：一年及以下＜两到三年＜一到两年＜三年及以上。

5.6　小　结　与　讨　论

5.6.1　汉语二语学习者汉语听力学习自主性

本研究用问卷调查法对汉语二语学习者听力学习自主性进行了调查。调查结果表明，汉语二语学习者的听力学习自主性中等，大部分学习者都可以对自己的汉语听力学习负责。虽然这些学习者对自己的听力学习有良好的预期和信心，却未在能力和行为上取得相应成果，心理、能力和行为三个维度的均值依次降低。

能力维度是心理维度和行为维度的纽带和衔接。在能力维度上，学习者听力元认知策略使用能力相对不理想，也就是说，学习者对听力学习的计划、监控和评估能力较弱。元认知是自主学习的关键因素，元认知策略使用的情况直接表现在听力学习的行为上。

全面提高汉语听力学习自主性，不仅需要坚定的心理支撑，还需要学习者将自主学习理念落实在日常学习上。与此同时，学习者课内和课外的积极自主行为会提升学习者的自主学习能力，继而反映在学习者的心理层面，增强学习动机、自我效能感，端正学习态度，最终形成良性循环。我们的研究发现，在行为维度上，学习者课外自主行为表现相对不理想,这是在培养学习者自主学习能力时需要关注的。

5.6.2 个体因素对听力学习自主性的影响

5.6.2.1 性别

国内外有大量关于语言学习的性别差异研究,大多数研究者认为语言学习中存在性别差异,与男性相比,女性在语言学习中占优势。原因包括生理构造和社会环境的影响等。当然也有不同的见解,认为男女在语言学习中各有优势,总体而言无显著差异。至于自主学习能力的性别差异,郭燕、秦晓晴(2010)和李广凤、郭芳芳(2015)分别调查了中国研究生和大学生在英语自主学习能力上的性别差异,发现女性的英语自主学习能力要显著高于男性。我们的研究与前人研究并不矛盾,研究结果确认了在汉语二语学习领域,女性的听力学习自主性优于男性,但是,我们的研究结果显示此差异并不显著。

本研究还发现,女性学习者在心理、能力和行为三维度上的表现都比男性更加积极(虽然差异并不显著)。虽然男女学习自主性的差异并不显著,但是教师还是要有针对性地对男女实施不同的教学模式,引导学生更高效地进行听力自主学习。与此同时,也不要矫枉过正,教师注意不让学生形成语言学习性别刻板印象,防止学生因性别定位产生消极学习态度。

5.6.2.2 年龄

不同年龄段学习者的听力学习自主性差异不显著,心理、能力和行为三个维度在不同年龄段差异也不显著。严明(2010)证明中国大学生的年龄和英语自主学习能力呈负相关,即年龄越大,自主学习能力越差。该研究中的中国大学生年龄较为集中,而本研究被调查学生的年龄跨度较大,且在目的语环境学习,这或许是差异不显著的原因。

5.6.2.3　文化圈

文化适宜性的问题也需要厘清。"自主学习"这一学术术语的正式提出是在当代西方,但是自主学习的方式不仅存在于西方,同样也适用于东方,实际上在中西社会都存在已久。

亚洲社会中看似与自主学习相矛盾的文化,如以集体主义为导向、基于权力和权威的教学关系等都会以不同的方式促进自主学习(Littlewood,1999)。闫爱静(2013)对东方特殊文化促进自主学习进行了详细说明:集体主义导向使学习者不以个人的利益而奋斗,而是以家庭甚至国家的荣誉而学习,具有超强的学习动机。而且亚洲文化中本身就有对勤奋和自律的坚定信念,这些信念在精神上鼓励学习者努力学习,包括大量的自主学习。东方文化传统催生的自主学习态度、信念和模式不同于西方,但其引发的结果是一样的。虽然二语习得领域的不少研究得出不同文化背景的学习者在习得时存在显著性的结论,但这些研究大多与语言要素,如语素习得(徐晓羽,2004)、词汇习得(张仕海,2012)、语法习得等有关。张立新、李霄翔(2004)的调查结果表明中西方学生自主学习能力并无显著差异。我们的研究表明在汉语听力学习自主性上也是如此,学习自主性是学习者管理自身学习的个人属性,无关文化背景。亚洲文化圈和非亚洲文化圈的学习者并无显著差异,都可以从心理、行为和能力三个维度进行良好的自主学习。

5.6.2.4　性格

性格对第二语言学习的影响如何,在学界有诸多不同见解。有实验结果表明外向型性格的人比内向型性格的人更适合学习外语(王松美,2001)。也有研究结果表明外向型性格不利于语言学习(Busch, 2006)。还有观点认为外向型学习者因为爱说敢说,善于交际,在口语表达上更占优势;而内向型学习者因为不爱交际,获得实践机会少,口语表达能力提高速度较慢,但是他们会深入钻研阅读和写作等技能,因此综合表现也不弱(顾骁南,2008)。文秋芳(1996:197—198)认为极端外向型性格的学习者增加了外语实践的机会,但是语言知识凌乱,没有系统,缺乏理解的深度;极端内向型学习者能较好地掌握语言的规则和理解语言的深层含义,但口语表达能力训练不够。

本研究发现整体上来看不同性格组别在听力学习自主性上无显著差异,不同性格学习者都可以培养良好的听力学习自主性。在心理维度和行为维度上,外向组强于内向组。语言学习以交际为目的,外向型学习者在更频繁与母语者交流过程中充分意识到听力学习的重要性。用汉语正常交流的强烈目的性从心理层面驱动外向型学习者进行汉语听力自主学习行为,并在自主学习行为中获取更强烈的动机、更高的自我效能感和更端正的学习态度,并且能够在行为上体现自主学习。而内向型学习者因为较为拘谨,在课外就较难落实在积极主动创造条件的自主学习行为上,比如主动参加比赛和活动等。

5.6.3　不同学情对听力学习自主性的影响

5.6.3.1　不同汉语水平

第四章调查结果显示从初级到中级再到高级,学习者的学习自主性呈上升趋势,但是三者之间无显著差异。而本研究发现,初中高级学习者的学习自主性存在显著差异,不同水平汉语学习者听力学习自主性排序为:初级<中级<高级,且其汉语水平与听力学习自主性呈显著正相关。之所以会出现两个研究在差异性上表现不同的情况,我们认为很可能是因为第四章未区分课型,是在整体上对自主学习进行考察。而本研究则聚焦于留学生听力学习自主性,对听力自主学习的考察更为全面,针对性和特殊性较为突出。

高级水平学习者展现出比初级水平学习者更强的汉语听力学习自主性。随着学习者汉语水平的提高,其听力自主学习性得到提升,而听力自主学习性的提升也会促进汉语水平的提高,两者相互影响,因此培养听力学习自主性可成为提升汉语听力水平的一大抓手。

本研究还发现,在心理、能力和行为三维度上,不同水平学习者仅在行为维度上有显著差异。也就是说,初中高水平学习者之间存在显著差异主要体现在行为上。

5.6.3.2　掌握外语种类

本研究假设丰富的外语学习经历会有利于听力学习自主性增强。但是调查结果表明两者之间并无关联,掌握外语种类对学习者听力学习自主性及三个维度均无影响,假设不成立。我们认为这很可能源于在学习其他外语时,学习者也并没有很强的学习自主性。学习自主性或许可以迁移,学习一种外语时的学习自主性有利于促进学习其他外语的学习自主性。这与掌握外语的数量无关,只与学习某语言时的学习自主性有关。当然该假设需要另外设计调查来研究。

5.6.3.3　汉语学习时间

不同汉语学习时间学习者的汉语听力学习自主性无显著差异,在心理维度和行为维度上无显著差异,但在能力维度上有显著差异,学习时间一年及以下的留学生与三年及以上的有显著差异,排序为:一年及以下<两到三年<一到两年<三年及以上。本研究的能力维度主要是听力策略的使用能力,包括认知策略、元认知策略和社会情感策略。也就是说,学习时间对能力维度有影响,主要体现在汉语学习新手和老手之间。学习汉语一年及以下的学习者刚刚开始接触汉语,对于听力策略的使用还比较生疏,因水平限制而无法灵活综合地使用听力策略,不擅长在听力过程中使用辅助听力的认知策略,没有对听力过程进行合理计划和监控,而且不能采取控制情绪和合理求助的社会情感策略。而伴随着学习时间

的增长,三年及以上的留学生逐步掌握汉语听力学习的各种策略,并能够自如地运用这些策略。

5.7 听力学习自主性优化路径

通过问卷调查结果的分析,我们对某高校汉语二语学习者的听力学习自主性有了较为全面的了解,同时也关注到了听力自主学习中的个体差异和学情差异。本研究结果表明,总体来看,汉语二语学习者的听力学习自主性处于中等水平,学习者在心理层面对自己都有较好的预测和期待,但是该心理状态却不能完全落实在能力和行为上,存在落差。三个维度之间形成了两条相互作用链,且在动机、元认知策略和课外自主行为三方面相对较弱。初中高级学习者的听力学习自主性存在显著差异,且其汉语水平与听力学习自主性呈显著正相关。据此,我们从以下四个方面提出教学对策,主要是希望能从薄弱环节入手,并且能打通三个维度之间的阻碍,以期培养汉语二语学习者听力学习自主性,提高听力理解能力。

5.7.1 提升学习动机,满足多元化学习需求

学习动机是决定学生学习需求的重要因素,也是影响学生学习自主性的关键心理因素。根据调查结果可知,学习者的听力学习动机均值为 3.44,在心理维度三方面中偏低。其中融合型动机的均值为 3.95,工具型动机的均值为 2.92,工具型动机不强。

教师可以根据学生的学习需求,一方面继续维持学习者的融合型动机,另一方面大力促进学习者的工具型动机。我们认为可以从以下两点着手。

第一,与时俱进,更新听力教学材料内容。首先,听力内容既要符合学生听力水平又反映社会现实、紧跟时代,使学生尽可能地

在日常交流中听懂中国人说话,不仅仅涉及语音、词汇和语法,更涉及文化、背景知识等内容,满足学习者想要融入中国社会的心理。其次,要控制听力材料的语速和时长,过快和过长的内容会让学生难以集中注意力,逐渐丧失学习的兴趣和动力(满莉,2005)。再次,听力内容有必要增加功能性内容,体现学习汉语的价值,比如增加专业性内容或者职业性内容,以促进工具型动机。

第二,因材施教,满足多元化学习需求。面对不同的群体也要注意其不同的学习需求,采取不同的激励措施。如在心理维度和行为维度上,外向组强于内向组,那么对于不同性格的学习者,教师要不露声色地布置分配不同的学习任务,在不伤害学生自尊心的前提下增强其学习自主性。再如不同学习时间的学习者在能力维度上有差异,那么教师对不同学习时间的学习者,特别是对初学者就可以加强能力维度,即策略使用能力的训练。

5.7.2　进行有效的策略训练,转被动听为主动听

本研究暴露出学习者听力学习策略使用不充分的问题,特别是元认知策略使用频率较低。这意味着不少学习者还是处于被动听力状态,听前没有计划和目的,听中不善于监控听力内容,没有检查自己的理解是否正确,没有养成做笔记的习惯,听后不会总结和归纳。他们虽然在听的过程中看起来很专心,但听力效果却很难达标。此外,不同学习者在策略使用上有个体差异。因此教师需加强对学生的元认知策略训练,同时注重学生之间的个体差异性,充分发挥学生的听力主动性,提高听力学习自主性。

元认知策略就是了解学习并使用计划、监控和评估等手段来掌控学习(O'Malley & Chamot & Küpper,1989)。培养学生元认知策略使用能力,是使其实现自主学习、达到授之以渔目的的关键步骤。从调查结果看,留学生元认知策略使用频率较低,可以推测出留学生元认知意识薄弱,因此教师首先要培养学生元认知意

识,向学生介绍元认知策略在听力学习中的重要性和有效性。其次教师要帮助学生对汉语听力学习进行合理规划,让学生根据教学大纲和自我要求制订相应的听力短期、中期和长期目标,并且根据目标制订长期规划,规划要符合学生自身情况。具体规划可参考表 5.36。

表 5.36　汉语听力学习规划表

汉语听力学习规划表
● 我当前的听力水平＿＿＿＿＿＿＿＿＿＿＿＿＿＿＿；
● 我的短期目标是＿＿＿＿＿＿；目标达成时间(时间 1)＿＿＿＿；
● 我的中期目标是＿＿＿＿＿＿；目标达成时间(时间 2)＿＿＿＿；
● 我的长期目标是＿＿＿＿＿＿；目标达成时间(时间 3)＿＿＿＿；
● 为了达到短期目标,我在(时间 1)之前要：＿＿＿＿＿＿；
● 为了达到中期目标,我在(时间 2)之前要：＿＿＿＿＿＿；
● 为了达到长期目标,我在(时间 3)之前要：＿＿＿＿＿＿；

　　学生可以根据学习规划表制订每周、每月的详细计划。每个阶段的计划和目标可以交由教师审核和见证。教师可根据学生的需求给学生适当的压力,成为学生自主学习的监督者。在制订相关计划以后,学生要根据自己设定的目标和制订的计划监控自己的行为,包括自己的计划执行情况和听力过程中使用策略情况。教师要督促学生按照计划按时推进学习进度并最终完成目标。在听力教学过程中,教师要引导学生监控自己注意力是否集中、是否有选择性地筛选信息、是否有边听边记的情况、是否能够理解材料的主要内容、采用的听力策略是否恰当、能否有效地预测和推断听力材料情况等等(宋畅,2017：136)。最后,在课堂听力训练完成以

后,教师可以为学生提供有效的评价标准或方法,让学生对自己一系列的听力学习活动进行评估和总结,并对自己的计划和学习策略进行调整。以下问题可供学习者自我评估:

这次听力听懂了百分之多少?

听力材料难不难?

是否完成了制订的目标?

这次听力我的主要问题是什么?

我在听力过程中使用了什么策略?

我本应该使用什么策略而没有使用?

与上次相比,我的听力是否进步了?

学习者通过反思自己在听力学习过程中的表现,把经验和教训带到下一次听力学习中,在循序渐进的过程中将元认知策略内化于心并外化于行动。同理,学习者对于自己拟定的计划完成情况也需要进行评估,包括是否完成自己的目标、存在的问题是否解决、成绩提高或下降的原因、听力水平是否提高等等。最后学习者根据评估结果修改或者制订新的计划。以上评估结果都可以用汉语听力学习日志的形式呈现。长此以往,学习者可以感知到自己听力学习上的变化,体验到元认知策略带来的成就感。在进行元认知策略训练时,教师要关注个体差异,尤其是学习汉语时间较短的学生。教师要先了解学生具体情况,在学生自愿配合的前提下,对其进行引导、支持和监督,使其有良好的学习方法和学习习惯。元认知策略的训练可以使学生在听力课堂上以及课后转被动为主动,成为一个真正主动的学习者。

5.7.3　充分运用现代技术手段,利于课外自主学习

根据调查结果可知,留学生在行为维度上表现中等,课内自主学习行为优于课外自主学习行为。课外自主学习行为大都是关于听力练习的计划和执行,指学习者是否能有效地安排汉语听力学

习时间,是否能积极地进行课外听力学习等。

随着计算机技术和互联网的发展,学习不再受时间、空间、内容和方式的限制,在线学习已成为人们不可或缺的学习方式之一。丰富的网络资源使学习内容更加个性化,也使学习更加独立化,能够实现真正的因材施教。在线学习已经成为不可逆转的趋势,这对听力自主学习也是一大利好。多模态的网络资源有极强的趣味性和真实性,可以丰富听力素材,激发学习者的课后学习兴趣。根据调查显示,大多数学习者都在课后看中文电影、电视剧以及听中文歌曲练习听力等。但是互联网是一把"双刃剑",线上学习资源良莠不齐,学习者不容易辨别筛选适合自己的听力材料。另外,在信息爆炸的时代,"泛娱乐化"的网络世界对学习者的诱惑太大,导致他们容易分心,很难完成自己拟定的听力学习计划。因此教师要对学习者的网络自主学习进行适当的指导和监督,把好关。

首先,教师可以帮助学生在网络上选择合适的听力材料,以新媒体为依托布置趣味课外听力任务。比如利用抖音等短视频工具,选择适合学生水平的无字幕短视频,让学生听懂后自己做短视频回应相关内容。教师可以鼓励学生模仿、评论或者创新,再让学生互相观看同学的短视频内容并评论,实现更有趣的可视化听力互动。其次,教师可以推荐相关汉语听力学习网站,教会学生如何在茫茫网络中选择听力材料。教师还可以利用社交媒体对学生的课外听力自主学习进行监督,或者让学生互相监督是否完成相关听力安排和计划。比如组织学生建立听力活动打卡群,群成员的目标和任务可以相同也可以不同。成员可将自己的听力计划和任务完成情况定期定时发到群里,包括听力时间、听力文章长度,对自己的听力要求等等。群内设置任务惩罚和奖励制度,给学习者一定的压力或鼓励。这样学习者可以在群内相互交流和监督,最终提升听力学习自主性。

5.7.4　构建听力合作互动情境,提升课堂开放程度

听力学习的接收性和封闭性使得大部分教师和学生都忽视了交流互动的重要性,使学生失去在互相交流中提升听力学习自主性的机会。在听力课内和课外可以通过合作学习的方式促进学习者之间的相互交流,使学习者在自主学习的过程中相互监督,相互促进,提高学生听力学习自主性。教师可以根据学生的听力水平分组,水平相近的学生可以无顾虑地用汉语沟通交流。教师还可以采用混合编组的方式,小组成员各具特色,相互取长补短,实现共同进步。本研究调查结果表明,内向学生的行为表现不如外向学生,因此教师要注意让不同性格的学生相互搭配,让性格外向的同学在表达交流上带动性格内向同学,让内向学生积极地参与小组互动,而内向学生在冷静思考等方面占优势,也可以影响外向学生。教师还可以布置听力任务让小组成员分享相关背景知识,讨论听力过程中出现的语音、词汇和策略使用的问题。听力任务要细化、层级化,让学生有打怪通关的新鲜感和刺激感,形成积极的学习氛围。教师还可以采取小组游戏竞赛法,在固定时间段内举行一次趣味听力竞赛,竞争双方为听力成绩相近的小组,保证不同水平的学生都有均等的成功机会。

在合作学习中如果教师只注重小组活动成果,部分小组成员可能会逃避责任,特别是内向或水平较低的学生因性格或者能力上的局限,不能积极参与到小组活动中去,因此教师要注意制订相关的小组活动规则,注意任务细化和分配,明确小组中每一个成员的不可代替的任务,产生角色之间的相互依赖。在小组合作讨论以后,教师随机向小组中的某个成员布置任务或者提问,根据该成员表现评价小组活动成果的质量。在阶段性合作学习以后,教师要对学生进行集体测验,以学生个人成绩评价小组活动结果等等(曾琦,2000)。在结果导向的压力下,学生能够在合作中掌握必要

的社交技能,学会在遇到困难时主动向教师和小组其他成员寻求帮助,小组内部相互协助、分工明确、共享资源,达成有效的合作。在个人表现举足轻重的前提下,学生会将小组的集体荣誉作为自己努力的一大动力,调动自己的听力学习自主性,完成小组的分内任务,促进个人汉语听力学习。

教师要适当提升课堂开放程度,给学生一定的自主性,让学生选择自己感兴趣且适用于课堂的中文听力材料,设计相关问题,并且分享听力策略使用和听力学习的心得。教师可以提前设置教学目标和问题框架,规定生词数量和听力材料时间。提供材料的学生事前要对材料进行精听和解析,然后在课堂上进行听前介绍和听后讲解。听完以后教师再对材料中的语言知识进行补充,再组织学生对材料进行相关讨论,由此可以增加学生在听力课堂上的互动性,发挥学生的主动性,提升课堂的趣味性,营造良好的课堂氛围。

5.8　本章总结

本章在"心理—能力—行为"三维评估模型的基础上,结合汉语听力的特殊性设计《汉语二语学习者听力学习自主性问卷》,并通过对某高校留学生进行问卷调查和数据分析,发现汉语二语学习者在听力自主学习上有以下表现:

(1) 听力学习自主性处于中等水平,且从心理到能力最后落实到行动上的表现有一定落差。从心理维度来看,学习者学习态度均值最高,其次是自我效能感,学习动机均值最低,且工具型动机低于融入型动机。从能力维度来看,留学生仅有时使用元认知策略。从行为维度来看,留学生课内行为表现比课外行为好。

(2) 个体因素对听力学习自主性影响很小。性别、年龄段、文化圈在听力学习自主性上差异均不显著,在心理、能力、行为三个维度上差异均不显著。

性格在听力学习自主性上差异也不显著,但是在心理维度和行为维度上差异显著,外向性格学习者强于内向性格的学习者;在能力维度上差异不显著。

(3) 学情对听力学习自主性的影响主要在于汉语水平。

初中高级汉语水平学习者的听力学习自主性存在显著差异,但只在行为维度上有显著差异。同时,汉语水平与听力学习自主性呈显著正相关,且与心理、能力、行为三个维度均呈显著正相关。

掌握外语种类数量对听力学习自主性没有显著影响,在心理、能力、行为三个维度上差异不显著。

汉语学习时间不同对听力学习自主性没有显著影响,但在能力维度上,一年及以下的学习者显著差于三年及以上的学习者。

根据以上的调查结果和分析,我们从四个方面提出了相关优化路径。这些优化路径面向教师教学而言,我们希望能够改进传统的教学模式,改善听力自主学习过程中存在的薄弱环节,使得心理、能力和行为三维度之间的作用链能通畅起来,提升汉语二语学习者的听力学习自主性,最终达到提高其汉语听力水平的目的。

诚然本研究也存在着不少不足之处。如受客观原因影响,我们较难找到理想的调查对象。本次调查的问卷样本量较小,有效样本数量只有 81 份。而且调查对象的汉语水平分布不均衡,初、中级水平留学生所占比例较小。总量少且内部水平分布不均,在一定程度上会导致数据分析产生统计偏差。另外,为避免答题时间过长、被试失去认真答题的耐心等不利情况,我们在题项设置上精简再精简。这可能导致数据分析结果有所偏差。尽管如此,本次设计的问卷共有 51 题,调查对象仍需要花费 8—10 分钟完成问卷,此外,本问卷的调查对象国别分布非常广泛,81 名被试来自 32

个不同国家。因时间成本以及语言水平的限制,本问卷仅采用中英双语版,对英语和汉语水平都不高的调查对象不太友好,可能会影响他们的体验感和答题准确性。最后,因语言生数量较少,本次调查选择了一部分学历生作为被试,而语言生和学历生没有统一的听力考试成绩,所以无法研究听力学习自主性与听力成绩之间的直接关系,甚为遗憾。

第六章　印尼当地汉语二语学习者口语自主学习研究①

6.1　选题缘由和研究意义

近年来随着印尼与中国在政治、经济、科技、文化、教育等领域的交流越来越密切,印尼当地的汉语二语学习者日渐增多。印尼教育部将华文教育纳入印尼国民教育体系,推动了许多高校和中小学开设汉语课程。印尼的汉语教学进入高速发展时期,发展势头良好。

然而,印尼缺乏适宜的汉语交际环境,学习者汉语口头输入和输出不充分,存在局限。如何提高汉语口语表达能力对印尼学习者来说是一大挑战。前人研究证明学习自主性与汉语水平存在正相关关系,因此如果能调动印尼当地学习者的口语学习自主性,或许在一定程度上能弥补缺乏汉语语境锻炼口语的局限。

以往的汉语自主学习研究存在以下三点问题:首先,从研究范围来看,大多数研究针对综合课程进行,只有个别研究针对分技能课程,如阅读(许闪闪,2017)、听力(江婧婧,2021)和口语(肖云生,2014;侬玮,2015)。其次,从研究对象国别来看,大多数研究对多国来华留学生混合进行(尹飘,2016;邱丽,2020;李扬,2020;陈舒敏,2020;赵令淳,2020;江婧婧,2021)。这类混合对象研究只有一部分涉及印尼学习者,而且即使涉及印尼学习

---

① 本章由笔者和林礼扬同学共同完成。

者,也只占全部研究对象的一部分,甚至只是很小的一部分,因此无法客观反映印尼学习者的学习自主性情况。虽然有一部分专门针对某国学习者进行的研究,但只有田雨(2013)和许云花(2022)聚焦于印尼学习者。再次,从研究对象所处环境来看,已有研究对象多为来华留学生,对海外当地汉语二语学习者的自主学习研究屈指可数。

从专门针对印尼当地学习者口语自主学习研究这一细分领域来看,只有许云花(2022)一篇。但该研究的重点在不同激励策略对自主学习的作用,而不在口语自主学习本身。我们对印尼当地学习者汉语口语自主学习的真实情况所知甚少。而只有在了解其现状的基础上才能提出有针对性的教学建议、设计有效的培养方案。有鉴于此,我们认为有必要开展印尼当地汉语学习者的口语自主学习研究。本研究的意义在于,研究结果不仅能够拓宽汉语自主学习研究的视野,丰富汉语口语自主学习国别化研究的内容,同时可供其他研究者或教师参考,以指导广大印尼汉语学习者进行口语自主学习,促进其汉语口语学习自主性的发展,从而在缺乏口语交际环境的情况下提高印尼汉语二语学习者的汉语口语水平。

6.2　研究内容和方法

本研究尝试采用第三章建构的自主学习"心理—能力—行为三维模型",用量化研究的方法对身在印尼的汉语二语学习者的口语自主学习进行基础性研究,并在此基础上提出相应的优化路径。主要涉及以下问题:

(1) 印尼当地汉语二语学习者的口语学习自主性如何?

(2) 哪些因素影响了印尼汉语二语学习者的口语学习自主性?

6.3　汉语作为第二语言的口语
自主学习研究综述

汉语作为二语的口语自主学习研究数量虽然寥寥无几,但既有理论探讨也有实证研究。

胡艳明(2013)从理论上探讨了动机、态度、焦虑、兴趣、自信心以及性格这六个非智力因素对汉语口语自主学习的影响,并提出对口语教学的五点启示:建立口语目标以增强自主学习动机;建立融洽的师生关系以消除焦虑情绪;通过鼓励、表扬等方式寄予学生成功的期望以便增强他们的自信心;采取多样化的教学手段以督促学习者快乐地学习;根据学习者的性格,进行有针对性的教学。翟艳(2013:77)认为任务型教学特别强调师生双方的参与性、互动性和自主性。她认为正确理解"以学生为中心"的理念,需要通过任务活动来调动学生积极参与到各项教学活动中,发挥学生的学习主动性。为此她将任务型口语教学活动归纳为结构性活动、支架式活动和自主性活动三类。自主性活动包括角色扮演、讨论、辩论以及小组调查。

肖云生(2014)首先在理论上对建构主义学习理论应用于培养留学生口语学习主动性进行了可行性分析,并从教学设计、课前预习、课堂学习和课后复习四个方面进行了设计。随后他对留学生汉语学习进行了教学实证,结果显示建构主义学习理论促进了留学生口语学习主动性的培养。口语学习者主动性与口语水平有显著的正向关系,即主动性越高,越能促进口语水平的提高,同时口语水平的提高也反映了学习主动性的提高。依玮(2015)从对听说学习的态度、对课堂教学目标内容要求的理解、对听说学习目标和计划制订、对听说策略的认识和运用、自我管理和监控能力、自主学习意愿这六个部分对短期来华法国留学生进行了汉语听说自主学习考察,并分析了影响其听说自主性的几大因素,如法国民族个性等。为了进一步提高学习者汉语听说自主学习的能力,作者从资源、技术、学生、课程等方面提出了教学策略。

综上所述,学者们在理论指导下研究汉语口语自主学习,涉及教学法的具体应用、口语自主性的影响因素、留学生听说自主性的现状以及对留学生汉语口语自主学习的培养等多角度。这些研究以学生为中心,但均将教师的角色纳入研究范畴。教师作为引导者、协助者等角色有助于培养学习者的自主性,师生共同实现教与学的目标。

6.4　研究设计与实施

6.4.1　研究工具

我们依据第三章构建的"心理—能力—行为"三维模型,并结合口语的特殊性以及印尼本土口语教学的具体情况编制调查问卷,调查印尼当地汉语学习者口语学习自主性。

心理维度细分为学习动机、自我效能感和学习态度。首先,学习动机分为融合性动机和工具性动机以及内在动机和外在动机四类,从动机类型、动机强度和动机驱动测量学习者的学习动机。其次,自我效能感测量学习者对自身达成目标、解决问题能力的信心。最后,学习态度测量学习者在设定学习目标、制订学习计划、决定学习内容、选择学习材料、监控学习效果等方面作为自主的学习者的意识。

能力维度分为学习管理能力和学习策略使用能力。其中,学习管理能力测量自主学习管理过程。学习策略使用能力从认知策略、元认知策略、情感策略和社会文化互动策略四方面进行测量。

行为维度分为课内的自主学习行为和课外的自主学习行为。

前者主要指学习者对课内学习过程中的控制,如课上主动提问、发言等;后者主要指学习者对课外学习资源的利用等情况,如利用音频或视频等媒介来训练口语、通过参加汉语相关的比赛或活动以实践口语或验证自身的口语表达能力、与学习同伴或老师或社会人士等有意识地使用汉语进行交流等。

本研究的调查问卷参考了相关的研究成果,并考虑到本研究的特点设计而成。心理维度的题目参考了 Paul R. Pintrich,David A. F. Smith, Teresa Garcia, Wilbert J. McKeachie(1991)的《The Motivated Strategies for Learning Questionnaire (MSLQ)》、Matthias Jerusalem & Ralf Schwarzer (1995) 的《General Self-Efficacy Scale》、R. C. Gardner (2004) 的《Attitude / Motivation Test Battery(AMTB)English Version》以及陈舒敏(2020)的《汉语学习者的自主学习情况调查》;能力维度的题目参考了 Rebecca L. Oxford (1990) 的《Strategy Inventory for Language Learning (SILL) Version 5.1》、钱玉莲、赵晴菊(2009)的《留学生汉语口语学习情况调查正式问卷》、卞舒舒(2010)的《汉语学习策略问卷》、杨丽华(2018)的《印尼学生汉语口语学习策略调查问卷》以及张若男(2019)的《汉语口语学习策略调查问卷(中英文对照版)》;行为维度的题目参考了 Claire Ellen Weinsten,David R. Palmer,Taylor W. Acee(2016)的《User's Manual Learning and Study Strategies Inventory(Third Edition)》。

问卷采用李克特五度测量表,1—5 分别表示"完全不符合我的情况""通常不符合我的情况""有时符合我的情况""通常符合我的情况"以及"完全符合我的情况"。由于本文的研究对象是印尼学习者,因此问卷提供汉语—印尼语双语版本。

问卷共分为两个部分,第一部分是问卷的主体,共 48 题。第二部分是研究对象的个人基本信息,共 10 题,包括性别、年龄、学习汉语时长、汉语口语水平(HSKK)等级及成绩、所在学习机构类别、掌握的其他外语、接触汉语资源的主要方式、有无旅游或留学中国的经历等问题。问卷题项分布见表6.1。

表 6.1　问卷题项分布

	维　度	细 分 项 目	题　　项	题数
问卷主体	心理维度	动机	第1—4题	4
		自我效能感	第5—9题	5
		学习态度	第10—17题	8
	能力维度	学习管理能力	第18—24题	7
		策略使用能力	第25—40题	16
	行为维度	课内自主学习行为	第41—44题	4
		课外自主学习行为	第45—48题	4
基本信息			第1—10题	10
总计				58

6.4.2　问卷的信度和效度分析

6.4.2.1　信度分析

我们对问卷整体及三个维度的内部一致性(α信度)进行信度分析,结果如表6.2所示。心理维度、能力维度和行为维度的Cronbach's Alpha值分别为0.837、0.914和0.845,整体问卷的Cronbach's Alpha值为0.944,说明问卷的信度很高[①]。

---

① 可参考徐鹰2018年的著作《统计分析在语言研究中的应用》。

表 6.2　问卷信度分析结果

可　靠　性　统　计				
	心理维度	能力维度	行为维度	整体问卷
Cronbach's Alpha	0.837	0.914	0.845	0.944

6.4.2.2　效度分析

在进行因子分析前需要对数据进行检验,我们采用 KMO 和 Bartlett 检验得到问卷的结构效度,结果见表 6.3。

表 6.3　问卷效度分析结果

KMO 和 Bartlett 巴特利特检验		
KMO 取样适切性量数		0.868
Bartlett 球形度检验	近似卡方	3 452.212
	自由度	595
	显著性	0.000

KMO 取样适切性量数为 0.868,处于 0.8—0.9 之间,说明变量间的相关性较强,很适合做因子分析。Bartlett 球形度检验的显著性为 0.000,小于 0.001,说明适合做因子分析。也就是说,本研究的调查问卷效度较好。

6.4.3　研究步骤

本研究共分四个步骤进行。第一步,我们设计了《印尼汉语学习者口语学习自主性调查问卷》。问卷的设计考虑到以下几方面:一是普遍性,即问卷的设计尽量能覆盖印尼当地各种情况的汉语学习者,尽量扩大调查对象的范围;二是针对性,即问卷的设计尽量能符合印尼当地汉语口语学习的特点,如由于在印尼缺乏目的语环境,问卷将对学习者是否利用影视作品等数字资源进行模仿练习等问题进行调查,以了解学习者能力维度下对学习策略的使用情况;三是有效性,即问卷的设计尽量能客观地获得本研究所需的关于学习者学习自主性情况的数据。

第二步,我们委托印尼设有汉语系、汉语学院或孔子学院的各高校的系主任、院长、相关负责人或教师以及多所汉语补习机构、汉语培训机构的院长、相关负责人或教师将调查问卷电子链接转发给学生填写。同时,我们还利用社交媒体与"汉语桥"比赛的印尼参赛者取得联系,并将调查问卷电子链接分享给他们填写。

第三步,我们采用社会科学统计软件 SPSS 26 对所收集的数据进行统计分析。

第四步,在分析结果的基础上,我们提出有助于提高印尼汉语学习者口语学习自主性的优化路径。

6.4.4　研究对象

我们一共收集到 193 份问卷,去除无效答卷后,最终确定有效问卷为 185 份。

其中女性人数 138 人,占比为 74.6%;男性人数 47 人,占比为 25.4%。性别分布见表 6.4。

表 6.4　性别分布

性　别	人　数	百分比%
男	47	25.4
女	138	74.6
总　计	185	100.0

因为研究对象的平均年龄为 21.22 岁,因此我们以 21 岁作为分界点,将研究对象分为两个年龄段——12 到 21 岁和 22 到 48 岁。其中,最小年龄为 12 岁,最大年龄为 48 岁。年龄在 12 到 21 岁的学习者居多,共 139 人,占比为 75.1%;22 到 48 岁的学习者共 46 人,占比为 24.9%,见表 6.5。

表 6.5　年龄分布

年　龄	人　数	百分比%
12 到 21 岁	139	75.1
22 到 48 岁	46	24.9
总　计	185	100.0

研究对象的学历背景层次较丰富,其中高中学历人数最多,共有 105 人,占比为 56.8%;本科学历人数相当多,共有 58 人,占比为 31.4%;大专、硕士及博士学历相对较少,分别为 17 人(9.2%)、4 人(2.2%)及 1 人(0.5%),见表 6.6。

表 6.6　学历背景分布

学　历	人　数	百分比%
高　中	105	56.76
大　专	17	9.19
本　科	58	31.35
硕　士	4	2.16
博　士	1	0.54
总　计	185	100.0

研究对象中学生身份人数最多,共有 164 人,占比为 88.6％;已经就业人数为 18 人,占比为 9.7％;处于待业状态人数有 3 人,占比为 1.6％,见表 6.7。

表 6.7　职业身份分布

职　业	人　数	百分比％
学　生	164	88.6
工　作	18	9.7
待　业	3	1.6
总　计	185	100.0

研究对象中掌握两门外语的人数最多,共 97 人,占比为 52.4％;掌握一门外语的人数为 58 人,占比为 31.4％;掌握三门外语的人数为 30 人,占比 16.2％,见表 6.8。

表 6.8　掌握外语数量分布

掌握外语数量	人　数	百分比
一　门	58	31.4
两　门	97	52.4
三　门	30	16.2
总　计	185	100.0

研究对象中学习时间 3 年以上的人数最多,共 103 人,占比为 55.7％;学习时间 2 到 3 年的人数为 32 人,占比 17.3％;学习时间

1 到 2 年的人数为 29 人,占比 15.7;学习时间少于 1 年的人数为 21 人,占比 11.4％,见表 6.9。

表 6.9　学习汉语时长分布

学 习 时 长(a)	人 数	百分比
a<1	21	11.35
1≤a<2	29	15.68
2≤a<3	32	17.29
a≥3	103	55.68
总　计	185	100.0

研究对象中每周学习多于 3 个小时的人数最多,共 79 人,占比为 42.7％;每周学习 1 到 2 个小时的人数为 60 人,占比 32.4％;每周学习 2 到 3 个小时的人数为 24 人,占比 13％;每周学习时间少于 1 小时的人数为 22 人,占比 11.9％,见表 6.10。

表 6.10　每周学习时间分布

每周学习时间(a)	人 数	百分比
a<1 h	22	11.892
1 h≤a<2 h	60	32.432
2 h≤a<3 h	24	12.973
a≥3 h	79	42.703
总　计	185	100.0

研究对象中在高校汉语学院学习汉语的人数最多，共 137 人，占比为 74.1％；在校外补习机构和高校下属培训机构学习汉语的人数相对较少，分别为 28 人（15.1％）和 20 人（10.8％），见表 6.11。

表 6.11　学习机构分布

学 习 机 构	人　　数	百分比
校外补习机构	28	15.1
高校下属培训机构	20	10.8
高校汉语学院	137	74.1
总　　计	185	100.0

通过以上数据，我们可以给本研究的研究对象大致画像如下：大部分为女性，平均年龄为 21 岁，高中学历背景居多，大部分是学生身份，多数人掌握一到两门外语，学习三年以上的人数超过半数，每周学习时间绝大多数在 1 小时以上，大部分学习者在高校汉语学院学习汉语。

6.5　研究结果与分析

6.5.1　口语自主学习"心理—能力—行为"三维度之间的环状双向作用链

我们对自主学习"心理—能力—行为三维模型"中的三个维度进行回归分析，以探究在非目的语环境下印尼汉语学习者的口语学习自主性情况。

在回归分析中，我们分别以每个维度作为因变量，同时引入其他两个维度作为自变量,具体分析结果见表 6.12。

表 6.12　各个维度之间的回归系数

系　数							
自变量	因变量	非标准化系数		标准系数	t	Sig.	共线性统计量	
		β	标准误差	试用版			容差	VIF
能力维度	心理维度	0.352	0.044	0.539	8.019	.000	.525	1.904
行为维度		0.375	0.092	.273	4.064	.000	.525	1.904
心理维度	能力维度	.742	.093	.484	8.019	.000	.585	1.711
行为维度		.793	.127	.377	6.239	.000	.585	1.711
心理维度	行为维度	.222	.055	.305	4.064	.000	.471	2.123
能力维度		.222	.036	.468	6.239	.000	.471	2.123

研究发现,能力维度对心理维度产生显著正影响($\beta=0.352>0$, $p=0.000<0.01$),行为维度对心理维度产生显著正影响($\beta=0.375>0$, $p=0.000<0.01$)。心理维度对能力维度产生显著正影响($\beta=0.742>0$, $p=0.000<0.01$),行为维度对能力维度产生显著正影响($\beta=0.793>0$, $p=0.000<0.01$)。心理维度对行为维度产生显著正影响($\beta=0.222>0$, $p=0.000<0.01$),能力维度对行为维度产生显著正影响($\beta=0.222>0$, $p=0.000<0.01$)。所有自变量的 VIF 小于 10,说明回归方程不存在共线性问题,结果准确可靠。

也就是说,印尼本地汉语学习者口语自主学习的三个维度之间存在如图 6.1 所示相关关系。

与第三章和第五章的三维度相关关系对照来看,本研究验证了心理维度与能力维度互相具有显著的正向影响,能力维度与行为维度互相具有显著的正向影响。也就是说,存在着两条作用链:学习

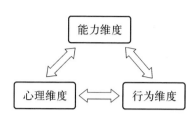

图 6.1 三个维度的相关关系图

者的心理能促进能力的提升,继而能力发展促成自主行为产生;与此同时,学习者的自主行为会反过来作用于能力的发展,继而能力对心理产生积极影响。此外,我们还发现心理维度与行为维度存在相互正向影响的关系,我们将对此重点讨论。

我们进一步做了心理维度下的学习动机、自我效能感和学习态度与行为维度下的课内自主学习行为和课外自主学习行为的线性回归分析,发现自我效能感对课内自主学习行为产生显著正向影响($\beta=0.275$, $p=0.000<0.05$),自我效能感对课外自主学习行为也产生显著正向影响($\beta=0.175$, $p=0.04<0.05$)。反之亦然,课内自主学习行为对自我效能感产生显著正向影响($\beta=0.251$, $p=0.000<0.05$),课外自主学习行为也对自我效能感产生显著正向影响($\beta=0.134$, $p=0.04<0.05$)。其他则不产生显著影响。见表 6.13。

我们可以认为,印尼本地汉语口语学习者之所以心理维度与行为维度之间也存在相互正向影响关系,主要是因为自我效能感与课内及课外自主学习行为之间存在相互正向影响关系。自我效能感是连接心理维度和行为维度的核心动力。

学界关于自我效能感影响学习的研究早已有之。根据 Bandura(1977,1986,1997),自我效能感指的是个体对于自身在实现某个特定目标的过程中所需能力的自我感知和判断。特定任务需要落实到学习行为上,因此从这个定义来看,自我效能感从本质上就与

表 6.13　心理维度与行为维度各方面的回归分析

回归分析系数								
自变量	因变量	未标准化系数		标准化系数	t	显著性	共线性统计	
		B	标准错误	Beta			容差	VIF
自我效能感	课内自主学习行为	0.275	0.076	0.274	3.627	0.000	0.413	2.420
自我效能感	课外自主学习行为	0.175	0.085	0.184	2.066	0.040	0.394	2.538
课内自主学习行为	自我效能感	0.251	0.069	0.252	3.627	0.000	0.450	2.225
课外自主学习行为	自我效能感	0.134	0.065	0.127	2.066	0.040	0.568	1.760

学习行为有密切的关联。而我们的研究从实证角度对此加以验证。可以认为印尼汉语口语学习者通过课内和课外自主学习行为取得学习成就、学习反馈和目标达成的评估结果等,从而影响其心理维度,尤其是自我效能感,使之更有信心;反过来,具有较强的自我效能感的学习者会积极主动发起学习自主行为,在课内和课外使用有效的学习策略,创造有效的学习环境等。

该数据分析结果在其他文献中也有体现,如 Bandura(1986、1997)和 Schunk & Pajares(2009)(转引自 Richard M. Ryan,2012:22)等。国内的研究则更多关注自我效能感与学习投入的关系,如蔡林、贾绪计(2020)和张铭凯、黄瑞昕、吴晓丽(2021)等。梳理文献可知,自我效能感与学习投入之间存在积极的正向关系。孔企平(2000)在将"学习投入"这一概念引进到国内时就指出:"关于学习投入的研究有三个方面：行为投入、情感投入和认知投入。纽曼(1992)认为认知投入和情感投入是以行为投入为载体的。他认为学习投入是一种组合的概念而不是一个单一概念。也就是说，学习投入蕴含行为，投入通过行为体现。当然，本研究所指的自主学习行为特指在课内和课外的具体的自主学习行动，如主动回答问题，主动参加汉语比赛等，也不失为"学习投入"。

本研究发现心理维度与行为维度之间存在相互的正向影响关系，但第三章和第五章的相关研究未曾发现。我们认为这或许与研究对象有关，当然也与题项的具体设置和表述有关。具体仍待进一步深入研究。

总之，本研究发现心理维度与行为维度呈现双向正向影响的关系，其中自我效能感是关键。不过，由于本研究的调查是共时性的，即调查数据反映的是学习者某个特定时期的、由以往学习经历累积而成的情况。随着时间的推移和经验的累积，学习者在历时上的口语学习自主性或许在一定程度上会有所变化。因此，我们认为要准确把握维度之间的相互影响关系，需要通过更多次的或者持续跟踪形式的实证研究来判定。

6.5.2　印尼汉语学习者口语学习自主性

印尼当地汉语学习者口语学习自主性问卷共有48个题项，各项目得分及总分情况见表6.14。

表6.14　学习者口语学习自主性得分详情表

	题目数量	各项均值	总分	最小值	最大值	均值	标准偏差
心理维度	17	3.94	85	43.00	85.00	66.902 7	7.858 89
学习动机	4	4	20	9.00	20.00	16.010 8	2.377 41

续　表

	题目数量	各项均值	总分	最小值	最大值	均值	标准偏差
自我效能感	5	3.72	25	6.00	25.00	18.610 8	3.263 75
学习态度	8	4.04	40	21.00	40.00	32.281 1	4.186 80
能力维度	23	3.87	115	51.00	115.00	88.951 4	12.045 33
学习管理能力	7	3.56	35	11.00	35.00	24.913 5	4.659 39
策略使用能力	16	4	80	38.00	80.00	64.037 8	8.760 32
行为维度	8	3.57	40	8.00	40.00	28.594 6	5.720 19
课内自主学习行为	4	3.67	20	4.00	20.00	14.670 3	3.274 48
课外自主学习行为	4	3.48	20	4.00	20.00	13.924 3	3.111 11
口语学习自主性	48	3.84	240	116.00	236.00	184.448 6	23.025 24

　　该问卷满分为 240 分,得分越高说明口语学习自主性越强。研究对象的口语学习自主性平均得分为 184.448 6 分,最大值为 236,最小值为 116。单样本柯尔莫戈洛夫-斯米诺夫检验结果显示,学习者口语学习自主性的显著性为 0.200,大于 0.05,说明学习者的口语学习自主性呈现正态分布。见图 6.2。

　　单项平均值满分为 5 分,研究对象的口语学习自主性单项均值为 3.84,表明学习者汉语口语学习自主性为中等水平[①]。心理维

---

　　① 　我们将学习自主性等级标准定为:得分≤3 为差;3<得分≤3.5 为中下;3.5<得分≤4 为中;4<得分≤4.5 为中上;4.5<得分≤5 为高。

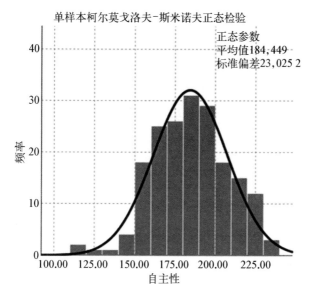

图 6.2　学习者口语学习自主性正态分布图

度、能力维度和行为维度的均值从 3.94 再到 3.57,呈现递减趋势。也就是说,印尼本土汉语学习者的心理动能较充足,但是未能有效体现在能力上,更没能外化到具体行动上。

心理维度上,研究对象自我效能感的均值最低,为 3.72 分,学习态度的均值最高,为 4.04 分。能力维度上,学习管理能力的均值最低,为 3.56 分,策略使用能力均值为 4 分。行为维度上,课外自主学习行为的均值最低,为 3.48 分。课内自主学习行为的均值为 3.67 分,比课外自主学习行为表现好。

印尼汉语学习者的口语学习自主性之所以有以上表现,我们认为主要是受到以下三点的影响:

第一,对教师的依赖性。

本研究的研究对象中有 56.8% 的学习者为高中学历。而印尼中学阶段的教学主要是以教师为中心,如课堂教学以教师讲授为主且很少与学生互动或安排练习(陈慧丽,2018),学生认同的学习方式为"教师讲+学生听+课前预习+课后复习+反复练习"(韩佳佳,2018)。陈发华(2021)对中学生的调查结果显示72.1%的学生更喜欢教师上课时直接翻译成印尼语,以至于学习者的学习积极性未能最大限度地发挥出来。可见,印尼学习者对教师有很强的依赖性,导致大多数学习者缺乏自主的意识,不知如何实现有效的自主学习。

第二,语言环境的局限。

因为历史原因,印尼当地缺乏足够的汉语使用环境。叶晗、陈钧天(2021)提到目前印尼华文教育现存问题之一即缺乏良好的汉语交际环境。很多印尼学生只有在课堂上才有机会训练汉语口语,课后没有语言环境去练习。

第三,单一教学方法的影响。

汉语口语课堂教学中教师常用单一的教学行为或方法(许夏嫣,2019;周菲琳,2014),也是导致印尼汉语学习者的学习自主性不理想的原因。学习者口语自主学习性离不开教师的支持和培养以及同伴的支持,如教师对学生的鼓励和引导等,同伴之间的鼓励、协作以及竞争压力等。教师在其中起到关键作用。

6.5.3　个体因素对印尼汉语学习者口语学习自主性的影响

我们采用独立样本 t 检验探究印尼汉语学习者个体因素对其口语学习自主性的影响。

6.5.3.1　性别

不同性别学习者的学习自主性方差齐性检验的 p 值为0.419,大于0.05,说明方差齐性。独立样本 t 检验结果显示,p 值为0.625,大于0.05,说明不同性别印尼汉语学习者的口语学习自主性没有显著差异。这表明性别对口语学习自主性没有产生影响。详见表6.15。

表 6.15 不同性别口语学习自主性独立样本 t 检验结果

		组 统 计		平均值等同性 t 检验		
		平均值	标准偏差	t	自由度	Sig.(双尾)
自主性	男	185.872 3	20.823 92	0.490	183	0.625
	女	183.963 8	23.780 45			

再来看性别在三个维度上是否有差异,可知 p 值分别是 0.329、0.798 和 0.928,都大于 0.05,说明不同性别的学习者在三个维度上没有显著差异,详见表 6.16。

表 6.16 不同性别在三个维度上独立样本 t 检验

	组 统 计 量			均值方程的 t 检验		
	性别	均值	标准差	t	df	Sig.(双侧)
心理维度	男	67.872 3	7.206 93	0.979	183	0.329
	女	66.572 5	8.067 13			
能力维度	男	89.340 4	10.992 64	0.256	183	0.798
	女	88.818 8	12.418 63			
行为维度	男	28.659 6	5.151 09	0.090	183	0.928
	女	28.572 5	5.919 02			

Firdausih & Patria(2018)发现,在印尼学习者学习英语的过程中,男生比女生具有更高的自我效能感。为此我们进一步查看了三维度下的细分方面的情况。

　　t 检验结果可知,不同性别学习者的学习动机($p=0.859$)、学习态度($p=0.724$)、学习管理能力($p=0.747$)、策略使用能力($p=0.601$)、课内自主学习行为($p=0.292$)和课外自主学习行为($p=0.345$)的 p 值都大于 0.05,说明不同性别的学习者在这些方面没有显著差异。也就是说,性别对这些方面没有产生影响。详见表 6.17。

表 6.17　不同性别三个维度下具体方面独立样本 t 检验

		组　统　计		平均值等同性 t 检验		
		平均值	标准偏差	t	自由度	Sig.(双尾)
学习动机	男	15.957 4	2.404 32	−0.178	183	0.859
	女	16.029 0	2.376 72			
学习态度	男	32.468 1	3.999 19	0.354	183	0.724
	女	32.217 4	4.261 08			
学习管理能力	男	24.723 4	3.663 58	−0.323	183	0.747
	女	24.978 3	4.963 32			
策略使用能力	男	64.617 0	9.288 97	0.524	183	0.601
	女	63.840 6	8.599 14			
课内自主学习行为	男	15.106 4	2.688 41	1.058	183	0.292
	女	14.521 7	3.447 66			
课外自主学习行为	男	13.553 2	3.380 30	−0.947	183	0.345
	女	14.050 7	3.016 55			

然而,不同性别学习者的自我效能感的 p 值为 0.020($t=2.363$),小于 0.05,说明不同性别学习者的自我效能感有显著差异。男生(均值＝19.446 8)比女生(均值＝18.326 1)的自我效能感更强。这说明性别对自我效能感产生影响,男性自我效能感比女性强。

6.5.3.2　年龄

本研究将研究对象分成两组:21 岁及以下组和 22 岁及以上组。方差齐性检验结果显示,不同年龄学习者口语学习自主性的 p 值为 0.799,大于 0.05,说明方差齐性。独立样本 t 检验结果显示,p 值 0.079,大于 0.05,说明不同年龄学习者的口语学习自主性没有显著差异,这表明年龄对口语学习自主性没有产生影响。详见表 6.18。

表 6.18　不同年龄口语学习自主性独立样本 t 检验

		组 统 计		均值方程的 t 检验		
		平均值	标准偏差	t	自由度	Sig.(双尾)
自主性	12 到 21 岁	182.741 0	22.831 25	−1.764	183	0.079
	22 到 48 岁	189.608 7	23.086 77			

再来看年龄在三个维度上的表现。可知不同年龄在心理维度($p=0.163>0.05$)和能力维度上没有显著差异($p=0.283>0.05$),但是在行为维度上有显著差异($p=0.004<0.05$)。从均值可知,年龄大的组好于年龄小的组,见表 6.19。

表 6.19　不同年龄在三个维度上的独立样本 t 检验

	组　统　计　量			均值方程的 t 检验		
	年　龄	均值	标准差	t	df	Sig.(双侧)
心理维度	12 到 21 岁	66.438 8	7.565 29	−1.399	183	0.163
	22 到 48 岁	68.304 3	8.622 63			
能力维度	12 到 21 岁	88.402 9	12.269 75	−1.077	183	0.283
	22 到 48 岁	90.608 7	11.306 79			
行为维度	12 到 21 岁	27.899 3	5.392 29	−2.933	183	0.004
	22 到 48 岁	30.695 7	6.214 21			

6.5.3.3　个体因素对口语学习自主性影响的小结和分析

整体来看,不同性别学习者的口语学习自主性并没有显著差异,在三个维度上也没有显著差异。这一结论似乎已成公论,多项研究得出相同的结论,如本书第四章和第五章,再如王艺儒(2020)和李扬(2020)。王文和李文的研究样本在男女比例上较为均衡,即男女占比分别为 48.7% 与 51.3% 以及 53% 与 47%。显然,我们的研究结果并未受到样本男女比例较为悬殊的影响。但印尼不同性别学习者的自我效能感有显著差异,男性比女性有更高的自我效能感。这或许是印尼学生的特殊性,与其家庭、文化、教育、大众媒体等有关。尚待进一步针对自我效能感进行调研。

至于年龄,整体来看不同年龄学习者的口语学习自主性并没有显著差异,在心理和能力维度也没有显著差异,但是在行为维度上有显著差异。年纪更大的学习者强于年纪轻的学习者。

6.5.4　不同学情对印尼汉语学习者口语学习自主性的影响

我们用单因素方差分析的方法探究学情因素对学习者口语学习自主性的影响。

6.5.4.1　掌握外语数量

本研究按照掌握外语数量将调查对象分为三组：掌握1门外语、掌握2门外语和掌握3门外语。我们对掌握不同数量外语的学习者的口语学习自主性进行方差分析。方差齐性检验结果显示 p 值为0.055，大于0.05，说明方差齐性。单因素方差分析结果显示，p 值为0.091，大于0.05，说明掌握不同数量外语的学习者的口语学习自主性没有显著差异。详见表6.20。

表6.20　掌握不同数量外语学习者口语学习
自主性单因素方差分析

		平方和	自由度	均方	F	显著性
自主性	组间	2 538.253	2	1 269.126	2.431	0.091
	组内	95 011.510	182	522.041		
	总计	97 549.762	184			

我们接着调查掌握外语数量对三个维度的影响。首先，我们发现在心理维度上方差不齐（$p = 0.015 < 0.05$），所以不能做单因素方差分析，而是做健壮性检验，结果见表6.21。

6.21　掌握外语数量对心理维度的影响

均值相等性的健壮性检验
心理维度

续　表

	统计量[a]	df1	df2	显著性
Welch	1.498	2	73.719	0.230
Brown - Forsythe	1.393	2	115.961	0.252

a. 渐近 F 分布

Welch 检验的 $p = 0.23 > 0.05$，Brown - Forsythe 检验的 $p = 0.252 > 0.05$，说明在心理维度上不存在显著差异。

能力维度上方差齐性（$p = 0.166 > 0.05$），行为维度上方差齐性（$p = 0.563 > 0.05$），可以做单因素方差分析，结果见表 6.22。

表 6.22　掌握外语数量对能力维度、行为维度影响的结果

		单因素方差分析				
		平方和	df	均方	F	显著性
能力维度	组间	893.237	2	446.619	3.150	0.045
	组内	25 803.325	182	141.777		
	总数	26 696.562	184			
行为维度	组间	90.378	2	45.189	1.387	0.252
	组内	5 930.216	182	32.584		
	总数	6 020.595	184			

可以看到，在能力维度上 $p = 0.045 < 0.05$，说明掌握外语数量不同的印尼汉语口语学习者在能力维度上存在显著差异。而在行为维度上没有显著差异（$p = 0.252 > 0.05$）。为了更清晰了解三组学习者之间的差异，我们做了多重比较分析（Bonferroni）。

表 6.23 显示,三组之间两两比较时都没有显著性。其中一门和三门之间的 $p = 0.055$,接近 0.05。因为多重比较分析更为保守,因此我们接受这一结果。

表 6.23　掌握外语数量在能力维度上的多重比较分析

多重比较(Bonferroni)							
因变量	(I)掌握外语数量	(J)掌握外语数量	均值差(I-J)	标准误差	显著性	95%置信区间	
						下限	上限
能力维度	一门	两门	−3.556 52	1.976 37	0.221	−8.332 0	1.219 0
		三门	−6.381 61	2.677 74	0.055	−12.851 9	0.088 6
	两门	一门	3.556 52	1.976 37	0.221	−1.219 0	8.332 0
		三门	−2.825 09	2.487 47	0.773	−8.835 6	3.185 4
	三门	一门	6.381 61	2.677 74	0.055	−0.088 6	12.851 9
		两门	2.825 09	2.487 47	0.773	−3.185 4	8.835 6

6.5.4.2　汉语学习时长

本研究根据汉语学习时长将调查对象分为四组:1 年以下、一到两年、两到三年和三年以上。我们对不同汉语学习时长学习者的口语学习自主性进行方差分析。首先进行方差齐性检验,结果显示 p 值为 0.981,大于 0.05,说明方差齐性。单因素方差分析结果显示, p 值为 0.750,大于 0.05,说明不同学习时长学习者的口语学习自主性没有显著差异。详见表 6.24。

心理维度上的方差齐性($p = 0.676 > 0.05$),能力维度上的方差齐性($p = 0.722 > 0.05$),行为维度上的方差齐性($p = 0.186 > 0.05$),可以做方差分析。结果见表 6.25。

表 6.24　不同汉语学习时长学习者口语学习
自主性单因素方差分析

		平方和	自由度	均方	F	显著性
	组间	649.963	3	216.654	0.405	0.750
自主性	组内	96 899.799	181	535.358		
	总计	97 549.762	184			

表 6.25　不同学习时长学习者在心理维度、能力
维度和行为维度上的方差分析

		单因素方差分析				
		平方和	df	均方	F	显著性
	组间	36.686	3	12.229	0.195	0.899
心理维度	组内	11 327.563	181	62.583		
	总数	11 364.249	184			
	组间	252.272	3	84.091	0.576	0.632
能力维度	组内	26 444.290	181	146.101		
	总数	26 696.562	184			
	组间	46.367	3	15.456	0.468	0.705
行为维度	组内	5 974.227	181	33.007		
	总数	6 020.595	184			

可知不同时长的学习者在心理维度（$p=0.899>0.05$）、能力维度（$p=0.632>0.05$）和行为维度（$p=0.705>0.05$）上均差异不显著。

6.5.4.3 每周学习时间

本研究根据每周学习时间将调查对象分为四组：少于一小时、一到两小时、两到三小时和多于三小时。我们对每周不同汉语学习时间学习者的口语学习自主性进行差异分析。首先进行方差齐性检验，结果显示 p 值为 0.616，大于 0.05，说明方差齐性。单因素方差分析结果显示，p 值为 0.054，大于 0.05，说明每周不同汉语学习时间学习者的口语学习自主性没有显著差异。详见表 6.26。

表 6.26　每周不同学习时间学习者口语学习自主性单因素方差分析

		平方和	自由度	均方	F	显著性
自主性	组间	4 025.785	3	1 341.928	2.597	0.054
	组内	93 523.977	181	516.707		
	总计	97 549.762	184			

再来看每周学习时间在三维度上是否存在差异。心理维度上方差齐性（$p=0.084>0.05$），能力维度上方差齐性（$p=0.626>0.05$），行为维度上方差齐性（$p=0.107>0.05$），可以做方差分析，结果见表 6.27。

表 6.27　每周学习时间在心理维度和能力维度上的单因素方差分析

		单因素方差分析				
		平方和	df	均方	F	显著性
心理维度	组间	934.398	3	311.466	5.405	0.001
	组内	10 429.850	181	57.623		
	总数	11 364.249	184			

续　表

		平方和	df	均方	F	显著性
能力维度	组间	372.260	3	124.087	0.853	0.467
	组内	26 324.302	181	145.438		
	总数	26 696.562	184			
行为维度	组间	220.471	3	73.490	2.293	0.080
	组内	5 800.123	181	32.045		
	总数	6 020.595	184			

可知每周学习时间不同的学习者在心理维度（$p=0.001<0.05$）上差异显著，但在能力维度（$p=0.467>0.05$）和行为维度（$p=0.08>0.05$）上差异不显著。我们进一步做了心理维度上的多重比较分析，结果见表 6.28。

表 6.28　每周学习时间在心理维度上的多重比较分析

多重比较(Bonferroni)					
因变量	(I) 每周学习时间	(J) 每周学习时间	均值差(I-J)	标准误差	显著性
心理维度	少于一小时	一到两小时	−3.860 61	1.891 99	0.257
		两到三小时	−8.685 61*	2.240 59	0.001
		多于三小时	−5.271 58*	1.829 93	0.027
	一到两小时	少于一小时	3.860 61	1.891 99	0.257

因变量	(I) 每周学习时间	(J) 每周学习时间	均值差(I-J)	标准误差	显著性
心理维度	一到两小时	两到三小时	−4.825 00	1.833 40	0.055
		多于三小时	−1.410 97	1.299 92	1.000
	两到三小时	少于一小时	8.685 61*	2.240 59	0.001
		一到两小时	4.825 00	1.833 40	0.055
		多于三小时	3.414 03	1.769 29	0.331
	多于三小时	少于一小时	5.271 58*	1.829 93	0.027
		一到两小时	1.410 97	1.299 92	1.000
		两到三小时	−3.414 03	1.769 29	0.331

*. 均值差的显著性水平为 0.05

可知在心理维度上，每周学习时间少于一小时的学习者与两到三小时和三小时以上的学习者之间存在显著差异。排序为：少于一小时＜一到两小时＜多于三小时＜两到三小时。

6.5.4.4　学习机构类别

本研究根据学习机构类别将调查对象分为三组：高校汉语学院、高校下属培训机构和校外补习机构。我们分析在不同学习机构类别学习汉语的学习者口语学习自主性是否存在差异。首先进行方差齐性检验，结果显示 p 值为 0.781，大于 0.05，说明方差齐性。单因素方差分析结果显示，p 值为 0.331，大于 0.05，说明在不同学习机构学习的学习者，其口语学习自主性没有显著差异。详见表 6.29。

表 6.29　不同学习机构类别学习者自主性
单因素方差分析结果表

		平方和	自由度	均方	F	显著性
自主性	组间	1 178.694	2	589.347	1.113	0.331
	组内	96 371.068	182	529.511		
	总计	97 549.762	184			

不同学习机构类别的学习者的口语学习自主性在心理维度上方差齐性($p=0.929>0.05$)，能力维度上方差齐性($p=0.751>0.05$)可以做方差分析。结果表明，在心理维度($p=0.951>0.05$)和能力维度($p=0.239>0.05$)上都没有显著差异。统计结果见表 6.30。

表 6.30　不同学习机构类别学习者在心理
维度和能力维度上的差异

		单因素方差分析				
		平方和	df	均方	F	显著性
心理维度	组间	6.243	2	3.121	0.050	0.951
	组内	11 358.006	182	62.407		
	总数	11 364.249	184			
能力维度	组间	416.399	2	208.199	1.442	0.239
	组内	26 280.163	182	144.397		
	总数	26 696.562	184			

因为行为维度上方差不齐($p=0.031<0.05$),所以我们进行了健壮性检验,结果表明 Welch 检验的 $p=0.230>0.05$,Brown-Forsythe 检验的 $p=0.217>0.05$,不同学习机构的学习者的口语学习自主性在行为维度上没有显著差异,详见表 6.31。

表 6.31　不同学习机构类别学习者在行为维度上的差异

均值相等性的健壮性检验				
行为维度				
	统计量[a]	df1	df2	显著性
Welch	1.533	2	34.476	0.230
Brown-Forsythe	1.576	2	49.218	0.217

a. 渐近 F 分布

6.5.4.5　不同学情对口语学习自主性影响的小结和分析

掌握不同数量外语的印尼汉语学习者整体来看口语学习自主性没有显著差异,在三个维度上也没有显著差异。也就是说,口语学习自主性并不随着掌握外语种类的增多而加强。

不同汉语学习时长的学习者同样整体来看口语学习自主性没有显著差异,在三个维度上也没有显著差异。也就是说,学习时长的增加并不是口语学习自主性的充分条件。时间并不必然带来自主性。很有可能,一位印尼汉语学习者在整个学习过程中都没有自主学习意识,也谈不上自主学习能力和行为。

每周不同学习时间的学习者整体来看口语学习自主性没有显著差异,在能力维度和行为维度上差异不显著,但在心理维度上差异显著,每周学习时间较短的学习者与学习时间较长的学习者之间有显著差异。学习动机强、自我效能高、学习态度端正的学生愿意花更多的时间在学习上,这很容易理解。这是内在的心理因素外化为在学习时间长度上的体现。

　　在不同学习机构学习的学习者,整体来看口语学习自主性并没有显著差异,在三个维度上也没有显著差异。主流观点认为高校汉语学院的汉语学习环境相对来说能够为学习者提供更充分操练汉语的机会,如有更丰富多样的教材和资料,有更多的学习同伴,还有更智能化的计算机辅助设备等。另外,高校汉语教师也具有更丰富的知识储备和更专业的教学技能,能够更好地培养学习者自主学习意识和能力,并引导和促使自主学习行为发生。但从调查结果来看,印尼高校汉语学校的这些优势并没有体现出来。

6.6　印尼本土汉语学习者口语学习自主性优化路径

　　通过调查问卷研究,我们对印尼本土汉语学习者口语学习自主性有了较为全面的了解。我们发现,印尼学习者的口语学习自主性为中等水平。虽然口语学习自主性的三个维度之间两两正相关,但学习者良好的心理状态未能落实到能力和行为上,心理、能力和行为三维度的得分逐渐降低,存在较大的落差。自我效能感、学习管理能力和课外自主学习行为方面各自在三个维度是最低分,亟待强化。虽然个体因素和学情因素在整体上并不对印尼学习者的口语学习自主性产生显著性影响,但在细分方面是有影响的,且有其特点。

　　据此,我们本着查漏补缺的原则,重点解决薄弱环节,从以下四个方面提出教学对策。同时我们希望能打通三个维度之间的阻碍,以期培养印尼本土汉语二语学习者口语学习自主性,提高口语水平。

6.6.1　改革教学方法,提升口语学习自我效能感

学习自我效能感是指学习者对其学习实施、完成的自信心,而亲身的成败经验是自我效能感的主要来源(Bandura,1977)。也就是说,成功的学习经验是提高自我效能感的有效途径。所以首先要做的是因材施教,教学时要照顾到学生的个体差异。教师要根据不同性别、不同年龄、不同性格特征、不同口语水平等个体因素制订相应的教学计划,有针对性地给予个性化引导。比如在布置教学任务时,教师可以根据任务的难度和学生的口语能力而分配,使得任务难度与学生水平匹配。对不善于进行情绪调节(如容易气馁,从而学习变得消极)的学习者,通过鼓励、分享成功学习者的故事等方式激发学习者学习积极性。对于年龄差异造成的行为维度的显著差异,可以辅导年轻的学习者如何制订和落实学习计划,协助学习者明确认知目标以及带领学习者讨论为了实现学习目标所需完成的步骤等。对于每周学习时间不同造成的心理维度上的显著差异,可以额外定期为每周学习时间较少的学习者布置课后学习任务等。

其次,教师要搭建学生展示自我的平台。教师要引导学生成为学习的主人,开展合作学习,并在此基础上尝试协作教学。合作学习主要是学生作为小组成员完成教师交代的教学任务。而协作教学则要求学生不仅仅完成自己负责的教学任务,还要组织全班同学参与学习,承担一部分教师的职能。教师充分把主动权交予学生,使学生在小组合作中发挥主观能动性,找到自己的定位,对自己有更清晰的认知。

再次,教师要专注学生心理健康,积极沟通,引导班级形成健康、愉快、积极的班风。教师要给予学生良好的情感体验,客观积极地评价学生在学习上的表现,学习者可以从学习同伴和教师处获得多角度的反馈,随着积极响应越来越多,解决问题越来越有

效,能强化其学习的自我效能感。

6.6.2　实施元认知策略训练,强化口语学习管理能力

为了强化学习者选择学习材料、检查计划进展、评估学习效果等学习管理能力,教师可以通过实施元认知策略训练予以解决。具体如下:

首先,在计划阶段,帮助学习者学会自己确定学习计划。计划可以包括短期计划和长期计划。学习者须经过确定学习任务目标、选择学习材料和制订学习步骤三个环节。教师可以指导学生比较归纳以往用过的口语教材和目前正在使用的口语教材在哪些方面有所不同,如语体、体裁、题材等方面,同时带领学生自己思考或者与学习同伴讨论教材中的交际可能是在什么场合出现、涉及哪些人物等问题。这样一来,学生能意识到随着等级水平的提高,所要达到的口语目标相应地有所改变,同时让学生有更明确的口语学习目标。教师还可以引导学习者思考并描述他理想的汉语水平应该达到何种程度,以帮助学习者认识到自己在汉语口语学习中的不足,如发音、词汇量、语句表达等方面的问题,从而制订相应的学习计划。比如每学期、每学年希望达到的目标等。

至于学习材料的选择,教师一方面可以为学习者提供事先准备好的材料,另一方面可以向学生提供获取课外学习材料的途径,如介绍一些资源平台等。最后,在制订学习步骤的环节,教师可以引导学习者自己构思学习步骤,并鼓励他们与别的同学一起讨论确定所制订的学习步骤是否可行,辅助学习者确定学习步骤。

其次,在监控和管理阶段,除了帮助学习者落实计划以外,还应帮助他们监控和调节自己的学习。首先要对学习者进行策略意识训练。教师可以先摸底了解学习者的策略意识,并了解他们元认知策略的使用情况。针对存在的问题介绍元认知策略,并将策略训练融入学习中。通过策略训练使学习者对自己的学习过程有

觉知,进行自我监控和自我调节,及时发现问题并纠正。比如能意识到学习过程中的错误并改正,能定期检查学习计划的完成情况,发现学习资料不适合自己时能寻找合适的教学资源等。

最后,在评估阶段,将涉及评估任务的完成情况(效率)、评估学习效果、评估策略使用情况、评估语言产出的情况等。计划阶段中确定的口语学习任务目标和管理阶段中的自我调节结果,可以作为学生评估任务完成的参考指标。具体来说,如果有学习者在课上不敢发言,口语表达能力较差,教师可以引领学生反思原因,并检查自己所产出的口语表达的效果,是否符合教师或者教材的要求。在这个阶段中,教师的引领不能太抽象或笼统,而是要提出明确、具体的指标。此阶段的引导训练的目的还是为了帮助学生在没有教师引导的情况下评估自己的任务完成或产出结果。

6.6.3　营造学以致用的环境,促进课外自主学习行为

为了强化学习者课外自主学习的积极性,教师可以从增强学习动机入手,要使学习内容贴近生活实际,从学生角度设计教学活动,使学生更有动力在课后主动找机会使用。

第一,给年轻学习者更大的推动力。我们对不同年龄学习者的差异分析结果显示,在行为维度上有显著差异,年龄更大的学习者表现更好。因此,在教学时可以适当给年轻的学习者加一把力,多一些推动。我们可以为学习者展示优秀、成功学习者的案例,给他们树立榜样,如他们的学长的真实故事,或者印尼较为知名的汉语学习者的亲身经历等。

第二,从学习者切身角度引导,使其明白学好汉语的价值和意义所在。首先,有利于未来就业。教师可以向学习者介绍相关就业信息。目前已有很多中国企业在印尼开设分公司或办事处并与本土企业建立合作关系,如中国银行、中国工商银行、中国人寿保险、中国南方航空公司、雅加达—万隆高铁项目等,这些企业或项

目急需本土汉语人才。而且由于汉语人才较为紧张,因此高水平的汉语人才将得到更理想的待遇。印尼的就业市场竞争越来越激烈,在这一大背景下,学好汉语的重要性不言而喻。

第三,有利于跨文化交际。众所周知,全球化发展趋势下,各国之间国际交往的频率增加,质量提升。中国与印尼之间无论是官方的还是民间的交流都越来越密切。使领馆、高校、企业等会举办一些文化、教育、商务等领域的交流活动,为双方搭起桥梁、提供平台。来印尼旅游或居住的中国人也为学习者实现更直接的交流和跨文化交际提供了良好的机会。学习者一方面可以宏观地了解中国的精神文化和物质文化,另一方面在真实的人际交流中可以更为深刻地理解中国人的想法和习惯。这样一来,学习者加深了对中国文化的认识,以更加包容、理解的心态对待不同的文化。

第四,有利于拓宽视野。由于时空限制,我们往往通过新闻媒体获取他国的有关信息,如社会、经济、文化、政治等领域的发展情况等。一直以来,印尼群众受到语言的局限和不熟悉获取官方新闻的渠道等因素制约,除了本土主流的媒体以外,大多数通过西方国家的媒体了解国际新闻。这些新闻所报道的范围较窄,往往局限于政治新闻,甚至有时因为种种原因,所报道的新闻未能全面阐述事实。掌握一门语言就掌握了打开另一扇窗的钥匙。汉语学习者可以通过微信、抖音等新媒体以及 CCTV 中文国际频道等传统媒体获知有关中国各方面的新闻,开辟了获取信息的新渠道。

第五,多渠道创造课外自主学习的环境和条件。教师可以根据情况布置课外作业,给学生创造练习和运用汉语口语的机会。教师可以组织创建汉语角,成立“语伴”社团,搭建在印尼的中国学生和工作人员与印尼本地学生之间的互助桥梁。积极对接语合中心,争取学校支持,带领学生参加“汉语桥”“经典诵读”等汉语类比赛,或者与中国机构或高校共建学习中心等。还可以借助短视频工具,扩大学生的中国朋友圈。

第六,衔接课内学习与课外学习。首先,课堂教学的内容应该贴近学习者的生活和工作,是他们下课后就能付诸实践的,甚至是他们亟需的。课堂上学习的内容是课后自主学习的基础。其次,由于课外自主学习的过程不能即时获得教师的反馈,因此教师可以在课堂教学中为有过课外自主学习经历的学习者答疑解惑,或带领学习者模拟参与课外自主学习。这样一来,教师能及时为学习者提供实质性、建设性的建议。

6.6.4　高校院系做好排头兵,充分发挥高校优势

我们在调查中发现,不同学习机构学习者的学习自主性并没有显著差异。我们认为,在短时间内大规模地促进学习自主性并不现实,不如先充分发挥印尼高校院系的教学优势,首先在高校院系中进行教学改革和实践,扬长避短,总结经验并推而广之,为在印尼全面铺开学习自主性教学改革奠定基础。

6.7　研究不足及展望

本研究存在以下不足之处:一方面,只通过线上的方式发放问卷,样本的数量不够多。未来的研究可以考虑控制问卷题目数量并结合线下发放问卷的方式,以便得到足够数量且质量较高的样本。另一方面,仅有一部分研究对象有 HSKK 成绩,而且不同机构的口语考试无法通用,因此我们没有统一的标准化的口语成绩数据。这导致无法得知不同汉语水平学习者之间学习自主性的差异,也无法了解学习者学习自主性与其口语水平的关系。此为本研究的一大缺憾。未来可就这一方面进行相关研究。

第七章 结　　语

本书是对汉语作为二语学习自主性进行实证考察的一次尝试。我们在考察过程中深刻感受到自主学习具有以下特征：

一是复杂性。就像 Benson(1997：29)陈述的那样，自主学习"是个复杂的、多层面的概念"。自主学习概念受多种理论指导，命名复杂，定义及其阐述多样，蕴含了一系列的元素，导致不可能只通过单一维度来理解和衡量，而是存在多角度和多取向的可行性。我们的研究选取了心理、能力和行为三个维度进行测量，是比较和综合后的结果。我们测量的是学习者的个人属性，侧重于学习者的学习自主性。

二是动态性。有些个人属性一旦形成就进入恒定状态，不再更改，而有些个人属性则不断动态变化。自主学习受多种因素影响，其中不少因素本身就是动态变化的，如此复杂的自主学习也必然是个动态系统。当然自主学习的动态性是有规律可循的，大体上还是从弱到强的发展轨迹。我们可以通过调整某些因素引导自主学习不断积极发展。

三是普适性。自主学习作为学习者的属性或能力，是跨越性别、种族、年龄和文化背景的，学习环境也并不起关键影响。学习者或许并不自知就在学习中获得，是无意识的。

本研究无意标榜大而全，而是截取了自主学习研究的几个侧面，用实证考察以点带面呈现出自主学习的大致轮廓。我们首先梳理文献，构建了"心理—能力—行为"三维评估框架，并在此框架下设计调查问卷，进行量化和质化研究。该评估框架侧重于测量学习者个人属性——学习自主性。在评估框架基础上进行了三大实证考察，分别为总体考察留学生学习自主性、留学生听力学习自主性、印尼本土学生口语学习自主性。前一个实证研究相对综合，参与统计的学生成绩是综合课成绩。后两个研究则面向听、说技能，更有针对性，且两个研究的对象和地域不同，一为来我国学习的留学生，一为在印尼当地学习的本土学生。

就三个实证研究的结果而言，可以用"同中存异"概括。相同之处体现了自主学习的共性，而不同之处则体现了自主学习在不同情景下的特点。也正是因为自主学习具有复杂性和动态性，所以自主学习才能在保持共性、基本面一致的同时，还能有不同的表现和个性。

在获得统计结果并分析之后，我们提出了若干优化汉语自主学习的路径。这些建议是基于教师教学而言的。我们希望帮助专业教师理解自主学习的重要性，并且帮助他们掌握汉语二语学习者自主学习的现实情况及薄弱环节，通过改革教学方法等手段来推动学习者更高效地自主学习。最终目的是学习者能提升汉语水平，汉语二语教学界也能反思教学，促进教学。

本书的内容只涉及自主学习研究庞大体系中很渺小的一部分，有太多值得研究的相关课题需要广大国际中文教育同行投身其中。新形势亟需自主学习，特别是汉语自主学习的研究成果用于指导教学。一方面，随着信息化、网络化的迅猛发展，传统教育业态受到挑战，新教学模式不断涌现。在这波浪潮中，"以学生为中心"的教育理念日渐深入人心，融入实践。另一方面，学界的研究重点也有所转向，早期主要偏静态研究，用于给自主学习定性或测量，考察的是二语学习者是否具有自主学习能力，以及该能力的强弱表现。近期偏动态研究，考察的是二语学习者自主学习能力的发展及如何促进其发展。

我们衷心希望本书的研究是个良好的开端,今后能够涌现出更多具有中国特色、创新价值和实践意义的汉语自主学习研究成果。

参 考 文 献

［1］毕彦华.会话含义理论对对外汉语听力教学的启示[J].湖北经济学院学报,
2010,7(12)：175－176.

［2］卞舒舒.日韩优秀学习者的口语学习策略研究[D].上海：复旦大学,2010.

［3］蔡林,贾绪计.学业自我效能感与在线学习投入的关系：学习动机和心流体
验的链式中介作用[J].心理与行为研究,2020,18(06)：805－811.

［4］蔡少莲.基于语料库的英语写作教学实证研究[J].外语教学,2008(06)：
61－64＋68.

［5］蔡薇.近二十年汉语听力研究与教学综述[J].云南师范大学学报(对外汉语
教学与研究版),2019,17(04)：35－50.

［6］蔡燕,王尧美.来华预科留学生汉语听力策略实证研究[J].云南师范大学学
报(对外汉语教学与研究版),2013,11(01)：29－37.

［7］陈道彬.网络环境下大学英语自主学习能力培养的实证研究[J].湖北师范
大学学报(哲学社会科学版),2019,39(06)：102－105.

［8］陈冬纯.英汉"自主学习"含义与术语探析[J].社科纵横,2006(07)：166－168.

［9］陈东芳,孔雪晴.中亚留学生汉语听力元认知策略论析——以新疆师范大
学中亚留学生为例[J].云南师范大学学报(对外汉语教学与研究版),
2012,10(05)：67－71.

［10］陈发华.印尼沙拉笛加地区中学汉语教学现状调查与研究[D].长沙：湖南
师范大学,2021.

［11］陈芙.网络优势与英语习得的个性化诉求[J].现代教育技术,2010,20(12)：
82－85.

［12］陈慧丽(MERRY).西雅加达本土汉语教师现状调查研究[D].福州：福建
师范大学,2018.

［13］陈金诗.自主学习环境中的交互式专门用途英语阅读教学——基于语料库
的语篇信息教学实践[J].外语界,2011(05)：31－39.

［14］陈琳,罗雪莹.初、中级水平汉语学习者的性别差异研究[J].海外华文教育,

2016(02)：268 - 276.

[15] 陈青松.网络环境下大学英语自主学习的研究与实践[M].厦门：厦门大学出版社,2009.

[16] 陈绍英.自主学习视域下大学生英语词汇学习策略与词汇量相关性研究[J].黑龙江高教研究,2019,37(11)：142 - 146.

[17] 陈舒敏.汉语二语学习者的自主学习能力探究[D].上海：复旦大学,2020.

[18] 陈晓霞.基于翻转课堂的汉语综合课教学模式建构——以初级下水平课程为例[J].海外华文教育,2017(04)：488 - 495.

[19] 陈小燕.论图式理论在对外汉语听力教学中的应用[D].杭州：浙江大学,2011.

[20] 陈阳芳.中国大学生英语口语自主学习动机培养研究[M].上海：上海交通大学出版社,2019.

[21] 陈钰.英语口语思辨能力自主学习培养策略探究[J].山西师范大学学报(社会科学版),2009,36(S2)：144 - 145.

[22] 陈钰.学习自主性对学习者第二语言水平发展的影响——一项以初级水平汉语学习者为例的教学行动研究[J].国际汉语教学研究,2020(04)：77 - 86.

[23] 程其鹤.对英语公费师范生英语学习动机与英语学习成绩相关性的问卷调查分析[J].海外英语,2021(20)：131 - 132.

[24] 程宇敏.基于语言学习策略培养的任务型教学模式研究与实践[C]. Proceedings of 2018 3rd ERR International Conference on Language, Humanities, Education and Social Sciences (ERR - LHES 2018)(Advances in Social and Behavioral Sciences, VOL.26). Singapore Management and Sports Science Institute (Singapore)、Information Engineering Research Institute(USA)：智能信息技术应用学会,2018：281 - 285.

[25] 崔敏,梁彩琳.基于建构主义理论的综合英语教学模式探究[J].宁夏大学学报(人文社会科学版),2010,32(03)：184 - 187.

[26] 崔雅萍.多元学习理论视域下大学生英语自主学习能力可持续发展研究[D].上海：上海外国语大学,2012.

[27] 戴宁熙.大学生英语听力学习自主性的培养[J].西南民族大学学报(人文社科版),2007(S1)：254 - 257.

[28] 邓潇婉.智利初级水平汉语学生语音学习策略研究[D].南京：南京大学,

2014.

[29] 丁安琪.汉语作为第二语言学习者研究[M].北京：世界图书出版公司，2010.

[30] 丁安琪.教师对留学生自主学习能力培养状况的调查研究[J].语言文字应用，2011(04)：101-109.

[31] 丁潇潇.大学英语听力自主学习元认知意识调查分析[J].湖南科技大学学报(社会科学版)，2011,14(03)：141-145.

[32] 董奇,周勇.论学生学习的自我监控[J].北京师范大学学报(社会科学版)，1994(01)：76-78.

[33] 方玲,汪兴富.美国当代英语语料库(COCA)的自主学习应用[J].中国外语,2010,7(06)：79-84+91.

[34] 冯玲,汪昕宇.建立活动型、实效型的英语教学模式——任务型教学模式下学生自主学习能力的培养[J].现代教育技术,2009,19(09)：62-65.

[35] 冯蜀冀,王艳强.课外互动与英语专业学生自主学习能力关系研究[J].吉首大学学报(社会科学版),2014,35(S1)：173-175+217.

[36] 符侂琳.自主学习理论在网络汉语听力练习设计中的应用[J].考试周刊,2011,(055)：206-208.

[37] 甘洪敏.小组合作模式在汉语口语教学中的运用——以巴厘岛文桥三语学校为例[D].广州：广东外语外贸大学,2015.

[38] 高吉利.国内外语自主学习研究状况分析综述[J].外语教学,2005(1)：60-63.

[39] 高吉利.国内学习者自主研究述评[J].外语界,2005(6)：55-60.

[40] 高鹏,张学忠.大学英语课堂中学习者学习自主性的培养——一份自主式课堂教学模式实验报告[J].外语界,2005(01)：33-39.

[41] 高爽.苏州大学美韩留学生学习动机及自主学习能力的调查研究[D].苏州：苏州大学,2018.

[42] 高一虹,李莉春,吕珺.中、西应用语言学研究方法发展趋势[J].外语教学与研究,1999(02)：8-16.

[43] 龚维国,朱乐红.大学英语视听说网络自主学习教学模式的实践[J].外语界,2006(S1)：31-33+47.

[44] 顾世民.促进大学英语自主学习的课程因素研究[D].上海：上海外国语大学,2013.

[45] 顾骁南.学生性格差异与英语教学策略[J].沈阳工程学院学报(社会科学版),2008(01):112-114.

[46] 郭冰珂.浅议语境理论在对外汉语听力教学中的应用[J].首都师范大学学报(社会科学版),2013(S1):53-55.

[47] 郭继荣,戴炜栋.大学生英语自主学习评价实证研究[J].外语界,2011(06):79-87.

[48] 郭晋燕.英语传统听说课与网络多媒体交互式听说自主学习教改实验比较[J].陕西师范大学学报(哲学社会科学版),2007(S2):312-314.

[49] 郭晓宁.英语专业学生自主学习能力的调查与分析[J].山东外语教学,2007(03):70-75.

[50] 郭晓燕.中波非英语专业大学生自主学习比较及其对我国外语教学的启示[J].中国外语,2011,8(01):11-16.

[51] 郭燕,秦晓晴.研究生英语自主学习能力及相关影响因素的研究[J].北京第二外国语学院学报,2010,32(06):66-71+57.

[52] 韩佳佳(HENGGAR PRASETYOWATI).印尼中爪哇省万由玛士县汉语教育现状调查与对策研究[D].福州:福建师范大学,2018.

[53] 韩颖.阿拉扎大学孔子学院初级口语课堂提问调查分析和教学设计[D].福州:福建师范大学,2019.

[54] 郝彩云.运用自主学习理论促进中学生英语阅读能力的培养[J].陕西师范大学学报(哲学社会科学版),2007(S2):342-344.

[55] 郝红艳.自主学习模式与我国留学生教育发展研究[J].河南社会科学,2010,18(06):195-196.

[56] 郝红艳.汉语言本科留学生自主学习能力的评估[J].高教发展与评估,2015,31(03):30-36.

[57] 何莲珍.自主学习及其能力的培养[J].外语教学与研究,2003(04):287-289.

[58] 何莲珍,傅莹,方富民,闵尚超.中国非英语专业大学生自主学习能力的培养路径之探索[J].中国外语,2011,8(05):18-24.

[59] 何晓东.国内自主英语学习研究中的若干问题[J].外语界,2004(04):10-14.

[60] 何英团,周远梅.探究式教学模式在大学英语教学中的应用研究[J].现代教育技术,2010,20(11):96-99.

[61] 贺燕.移动学习——新疆少数民族汉语自主学习的新途径[J].语言与翻译，2017(02)：76-80.

[62] 胡杰辉.外语自主学习能力评价——基于二维模型的量表设计[J].外语界，2011(04)：12-17+35.

[63] 胡红洁.初级阶段对外汉语精读课的设计与实践[J].科教导刊(中旬刊)，2011(12)：44-45.

[64] 胡艳明.非智力因素对汉语口语教学的影响研究[J].新疆教育学院学报，2013,29(03)：76-79.

[65] 华维芬.试论外语教师在自主学习模式中的定位[J].外语研究,2001(03).

[66] 华维芬."学习者自主"探析[J].深圳大学学报(人文社会科学版),2002(02)：107-112.

[67] 华维芬.试论外语学习动机与学习者自主[J].外语研究,2009(01)：57-62.

[68] 华维芬.数字素养与英语自主学习研究[J].外语教学,2020,41(05)：66-70.

[69] 黄爱琼.以反馈促学：构建基于写作任务的多重反馈模式[J].外语教学,2020,41(06)：67-71.

[70] 黄超.年龄与学习时长对汉语听力学习策略及成绩的影响——以武夷学院南非籍来华留学生为例[J].教育观察,2020,9(21)：96-98.

[71] 黄凤莲.英语阅读课文教学中如何提高学生自主学习的能力[J].南宁师范高等专科学校学报,2006(03)：65-67.

[72] 霍彩乔,孟立庄,陈凯,李海平.大学英语听力教学中自主学习能力培养的研究[J].学术界,2013(S1)：185-187.

[73] 霍斯顿(Houston, J. P.).积极心理学[M].孟继群,侯积良,等译.沈阳：辽宁人民出版社,1990.

[74] 贾志浩,朱海萍.基于任务型的大学英语精读课网络教学研究[J].黑龙江高教研究,2009(12)：200-202.

[75] 江婧婧.留学生汉语听力自主学习及教学对策[D].上海：复旦大学,2021.

[76] 金辉.自主学习理论及对外汉语教学最佳模式的研究[J].山西财经大学学报(高等教育版),2001(02)：16-17.

[77] 荆宇.中文歌曲在对外汉语听力教学中的应用研究[D].郑州：河南大学,2013.

[78] 靳玉乐.自主学习[M].成都：四川教育出版社,2005.

[79] 孔企平."学生投入"的概念内涵与结构[J].外国教育资料,2000(02):72-76+77.

[80] 孔子学院总部/国家汉办编制.国际汉语教师证书考试大纲解析[M].北京:人民教育出版社,2015.

[81] 库来西.影响少数民族预科学生汉语自主学习能力的几个因素及对策[J].昌吉学院学报,2008(04):111-112.

[82] 兰昌勤,曾洁.对培养我国外语学习者学习自主性的思考.外语界.2004(04):24-30.

[83] 雷蕾.应用语言学研究设计与统计[M].武汉:华中科技大学出版社,2015.

[84] 黎心琴.印尼中文世界补习学校汉语课堂口语纠错问题研究[D].广州:广东外语外贸大学,2015.

[85] 李安琪.维也纳大学孔院学生汉语学习自我效能感调查研究[D].北京:北京外国语大学,2018.

[86] 李斑斑,徐锦芬.成就目标定向对英语自主学习能力的影响及自我效能感的中介作用[J].中国外语,2014,11(03):59-68.

[87] 李代鹏,常大群.汉语环境下留学生自主学习能力探索[J].教学研究,2017,40(06):5-12.

[88] 李峰,白雅娟.教育心理学[M].北京:北京师范大学出版社,2017.

[89] 李广凤,郭芳芳.课堂环境对大学生英语自主学习的影响研究[J].外语与外语教学,2015(01):62-68.

[90] 李航,刘儒德.大学生外语写作焦虑与写作自我效能感的关系及其对写作成绩的预测[J].外语研究,2013(02):48-54.

[91] 李珩.大学生英语自主学习能力与自我效能感的实证研究[J].现代外语,2016(02):235-245.

[92] 李红.学习自主性与中国英语教学[J].外语与外语教学,1998(10):24-26.

[93] 李红印.汉语听力教学新论[J].南京大学学报(哲学·人文科学.社会科学版),2000(05):154-159.

[94] 李佳.外语听力语速感知的认知负荷视角研究[J].现代外语,2021,44(06):804-814.

[95] 李洁,吕传红,黄跃华.基于新教学模式学生自主学习能力与教学效果实证研究[J].外语界,2006(S1):48-55.

[96] 李清华.谈科技汉语的听力理解[J].语言教学与研究,1987(02):103-110.

[97] 李秋霞.认知语境与对外汉语听力教学[J].鞍山师范学院学报,2009(01)：48－50.

[98] 李晓鹏."互联网＋"时代英语自主学习与课堂教学的整合模式探究[M].成都：电子科技大学出版社,2017.

[99] 李秀萍.英语专业本科生自主性学习能力调查与研究[J].外语教学,2006(04)：83－86.

[100] 李扬.来华预科留学生汉语自主学习能力调查研究——以山东大学预科生为例[D].济南：山东大学,2020.

[101] 李友良.英语学习策略与自主学习[M].上海：上海交通大学出版社,2011.

[102] 梁莉.网络环境下大学生英语自主学习能力探究[M].武汉：武汉大学出版社,2018.

[103] 林爱莎.印尼汉语补习学校口语教学研究——以雅加达补习学校初级教学为例[D].上海：上海外国语大学,2017.

[104] 林莉兰.网络自主学习环境下学习策略与学习效果研究——英语听力教学改革实验[J].外语研究,2006(02)：39－45.

[105] 林莉兰.基于三维构念的大学生英语自主学习能力量表编制与检验[J].外语界,2013(04)：73－80.

[106] 林莉兰.西方语言自主学习能力测评范式转变及对我国外语自主学习研究的启示[J].中国特殊教育,2014(05)：91－96.

[107] 林莉兰.大学英语促进学习者自主研究：方法、问题与思考——基于2004—2017年外语类CSSCI期刊文献分析[J].外语界,2018(05)：80－88.

[108] 林小燕.来华留学生汉语自主学习策略研究[J].学周刊,2017(35)：18－19.

[109] 林园华.印尼华文补习学校华裔小学生口语教学设计[D].广州：广东外语外贸大学,2016.

[110] 刘芳.自主学习环境下大学英语形成性评估体系研究[J].黑龙江高教研究,2013,31(05)：175－177.

[111] 刘国朝,夏岩.大学英语网络学习与教学管理[J].首都师范大学学报(社会科学版),2008(S2)：5－9.

[112] 刘国华.发展个人自我指导学习的能力[J].外国教育资料.1991(05)：24－27.

[113] 刘加霞.中学生学习动机、学习策略与学业成绩的关系研究[J].北京教育

学院学报,1998(03):32-37.

[114] 刘君红.网络环境下英语自主学习的动机与策略相关性研究[J].现代远距离教育,2007(02):40-42.

[115] 刘宁静.马来西亚留学生自主学习能力对写作的影响研究[D].北京:北京外国语大学,2019.

[116] 刘颂浩.对外汉语听力教学研究述评[J].世界汉语教学,2001(01):93-107.

[117] 刘颂浩.对外汉语听力教学新模型[J].华文教学与研究,2009,34(02):18-24.

[118] 刘向红.大学英语自主学习理论研究与实践[M].西安:西北工业大学出版社,2010.06.

[119] 刘珣.对外汉语教育学引论[M].北京:北京语言大学出版社,2000.

[120] 刘占荣,张宇光.开放教育"综合英语"课程形成性考核的研究[J].中国远程教育,2006(05):35-41+78-79.

[121] 刘志华,郭占基.初中生的学习成就动机、学习策略与学业成绩关系研究[J].心理科学,1993(04):198-204.

[122] 鲁健骥.对外汉语教学历史上的"小四门"——初步的考察与思考[J].华文教学与研究,2017(01):87-94.

[123] 鲁健骥.对外汉语教学预备教育教学模式:从综合到分技能[J].国际汉语教学研究,2018(01):8-12.

[124] 鲁武霞,陈颖.大学生英语自主学习能力的培养[J].教育理论与实践,2009,29(30):18-19.

[125] 马媛媛.从成人学习者认知发展特点看电大成人外语学习[J].西北成人教育学院学报,2021(01):8-11.

[126] 满莉.输入输出理论与听说训练[J].台州学院学报,2005(02):54-57.

[127] 孟国.汉语语速与对外汉语听力教学[J].世界汉语教学,2006(02):129-137.

[128] 倪传斌,王志刚,王际平,姜孟.外国留学生的汉语语言态度调查[J].语言教学与研究,2004(04):56-66.

[129] 倪清泉.大学英语学习动机、学习策略与自主学习能力的相关性实证研究[J].外语界,2010(03):30-35.

[130] 牛长伟.开放视野下"汉语新闻视听说"教学模式的探索[J].华文教学与研

究,2014(04):57-62,86.

[131] 依玮.汉语作为外语听说自主学习研究——以云南师范大学法国 IPAG 高等商学院短期留学生为例[D].昆明:云南师范大学,2015.

[132] 欧阳建平.自主性英语学习能力培养研究与实践[M].长春:吉林大学出版社,2009.

[133] 庞维国.90 年代以来国外自主学习研究的若干进展[J].心理学动态,2000(04):12-16.

[134] 庞维国.自主学习——学与教的原理和策略[M].上海:华东师范大学出版社,2003.

[135] 彭金定.大学英语教学中的"学习者自主"问题研究[J].外语界,2002(03):15-19+46.

[136] 濮实.中国大学英语教学大纲中"学习者自主性"概念的历史研究(1978-2007)(英文).Chinese Journal of Applied Linguistics. 2020, 43(01):83-104+127.

[137] 钱玉莲.第二语言学习策略研究的现状与前瞻[J].暨南大学华文学院学报,2004(03):36-43.

[138] 钱玉莲.第二语言学习策略的分类及相关问题[J].汉语学习,2005(06):59-63.

[139] 钱玉莲.第二语言学习策略论析[J].南京师范大学学报(社会科学版),2006(05):152-155.

[140] 钱玉莲,赵晴菊.留学生汉语输出学习策略研究[M].北京:世界图书出版公司,2009.

[141] 秦晓晴,文秋芳.非英语专业大学生学习动机的内在结构[J].外语教学与研究,2002(01):51-58.

[142] 邱丽.中高级汉语学习者词汇自主学习能力研究[D].上海:华东师范大学,2020.

[143] 瞿莉莉,吕乐.网络环境下英语专业学生自主学习培养模式研究[J].外语电化教学,2016(04):9-14.

[144] 三井明子.日本留学生汉语自主学习能力调查分析[J].汉语学习,2018(04):88-95.

[145] 尚建国,寇金南.学习者因素对大学生英语自主学习能力的交互影响[J].外语与外语教学,2015(04):63-67+91.

[146] 申慧敏.大学英语自主学习听力课的听力理解策略研究[D].武汉大学,2005.

[147] 盛蕾,张艳华.韩国汉语学习者二语自我对自主学习行为影响的实证研究[J].语言教学与研究,2021(03):45-57.

[148] 史玮璇,李彩春.英语听力自主学习方法探究[J].外语学刊,2007(06):144-146.

[149] 宋畅.学习策略训练与外语听力教学[M].北京:中国书籍出版社,2017.

[150] 苏宝华,张凤芝.汉语专题学习网站《走近大熊猫》的设计思路及方法[J].暨南大学华文学院学报,2005(01):31-36.

[151] 苏风燕,吴红云.英语听力学习自主性构成的因子分析[J].西安外国语大学学报,2008,16(04):69-71+76.

[152] 孙宇.课堂互动环境下的英语自主学习[J].现代教育管理,2011(06):81-83.

[153] 谭春健."理解后听"教学模式探讨[J].云南师范大学学报,2004(04):1-6.

[154] 谭霞,张正厚.英语学习策略、自主学习能力及学习成绩关系的分析[J].外语教学理论与实践,2015(01):59-65.

[155] 田雨.印尼大学生汉语自主学习能力调查分析及教学对策研究——以智星大学中文学院大学生为例[D].广州:广东外语外贸大学,2013.

[156] 王丹萍.汉语学习自主学习者特征初探[J].海外华文教育,2016(04):489-497.

[157] 王笃勤.大学英语自主学习能力的培养[J].外语界,2002(05):18-24.

[158] 王凤兰.会话含义理论与汉语听力教学[J].西南民族大学学报(人文社科版),2004,25(11):297-299.

[159] 王化玲.大学英语合作学习与自主学习的建构主义视阈[J].学术交流,2010(03):193-197.

[160] 王皎.中文电影在对外汉语听力教学中的应用研究[D].郑州:河南大学,2012.

[161] 王劼,樊大跃.基于移动学习的对外汉语教学实践与思考[J].无锡职业技术学院学报,2015,14(01):66-69.

[162] 王利娜,吴勇毅.中外学生外语自主学习能力的对比研究[J].广西师范大学学报(哲学社会科学版),2015,51(01):168-173.

[163] 王丕承.汉语国际教学激发学生自主性和教师自身创造性的探究[J].求知导刊,2016(03)：110-111.

[164] 王琪琪.对外汉语高级口语课堂教学设计研究——印尼慈育大学三年级口语教学实践调查[D].桂林：广西师范大学,2014.

[165] 王守元.英语听力教学的理论与方法[J].外语电化教学,2003(04)：1-5.

[166] 王淑红.汉语言环境下留学生自主学习能力的培养[A].世界汉语教学学会.第九届国际汉语教学研讨会论文选[C].世界汉语教学学会：世界汉语教学学会,2008：650-654.

[167] 王松美.外语学习者个别差异及学法指导策略[J].课程·教材·教法,2001(09)：50-52.

[168] 王亚冰,黄运亭.自我效能感和二语成就关系的元分析[J],外语界,2022(03)：89-96.

[169] 王艳 a.自主学习中的行为与成效研究[J].外语与外语教学,2007(11)：34-37.

[170] 王艳 b.自主学习者对教师角色的期待[J].外语界,2007(04)：37-43.

[171] 王毅.大学英语教学中的教师自主与学习者自主相关性研究[M].成都：四川大学出版社,2016.

[172] 王艺儒.来华韩国学生汉语自主学习能力调查研究[D].大连：大连外国语大学,2020.

[173] 王振宏,刘萍.动机因素、学习策略、智力水平对学生学业成就的影响[J].心理学报,2000,32(01)：65-69.

[174] 王治理,吴浩楠.中级汉语听力在线教学设计研究[J].海外华文教育,2020(01)：39-46.

[175] 王志茹,周赟赟,吴红.学业过渡期大学生英语自主学习能力的动态研究[J].外语界,2015(02)：25-33.

[176] 魏玉燕.促进学习者自主性：外语教学新概念[J].外语界,2002(03)：8-14.

[177] 温莲英.印尼中级汉语口语学习情况调查——以两所大学非华裔学生为例[D].上海：上海师范大学,2013.

[178] 文秋芳.英语学习策略论[M].上海：上海外语教育出版社,1996.

[179] 文秋芳,王立非.英语学习策略理论研究[M].西安：陕西师范大学出版社,2004.

[180] 吴驰,刘琳.高校艺体类学生英语自主学习影响因素之研究——以湖南师范大学南院艺体生为例[J].湖南师范大学教育科学学报,2011,10(06):92-95+106.

[181] 吴剑,万朵.图式激活与对外汉语听力教学[J].鸡西大学学报,2011,11(01):53-55.

[182] 吴剑.初级水平外国留学生的汉语听力学习策略[J].汉语国际教育研究,2018,3(03):3-19.

[183] 吴珺.大学英语学习者自主学习个案研究[J].首都师范大学学报(社会科学版),2008(S4):51-54.

[184] 吴佩炯.视觉媒体技术在对外汉语听力教学中的运用[J].语文学刊(教育版),2011(23):125-126+130.

[185] 吴喜艳,张庆宗.英语专业学生自我效能、学习策略、自主学习能力与学业成就的关系研究[J].外语教学,2009,30(03):43-46.

[186] 吴谦.戏剧教学法在印度尼西亚汉语口语课中的应用——以中国节日文化主题为例[D].武汉:华中师范大学,2020.

[187] 吴勇毅.听力理解与汉语作为第二语言(CSL)的习得[A].北京语言大学对外汉语研究中心.对外汉语研究的跨学科探索——汉语学习与认知国际学术研讨会论文集[C].北京:北京语言大学对外汉语研究中心,2001:310-312.

[188] 吴勇毅,陈钰.善听者与不善听者听力学习策略对比研究[J].汉语学习,2006(02):58-64.

[189] 肖武云.元认知与外语学习研究[M].上海:上海交通大学出版社,2011.

[190] 肖武云,曹群英.运用学习档案提高学生英语学习自主性和学习成绩的实证研究[J].外语教学,2009,30(05):73-76+89.

[191] 肖云生.建构主义学习理论应用于留学生口语学习主动性培养研究[D].沈阳:辽宁大学,2014.

[192] 徐锦芬.大学外语自主学习理论与实践[M].北京:中国社会科学出版社,2007.

[193] 徐锦芬.中国大学生英语自主学习能力发展规律及影响因素探究[M].北京:外语教学与研究出版社,2014.

[194] 徐锦芬,李斑斑.学习者可控因素对大学生英语自主学习能力的影响[J].现代外语,2014,37(05):647-656.

[195] 徐锦芬,彭仁忠,吴卫平.非英语专业大学生自主性英语学习能力调查与分析[J].外语教学与研究,2004,36(01)：64-68.

[196] 徐锦芬,朱茜.国外语言自主学习研究30年——回顾与展望[J].外语电化教学,2013(01)：15-20.

[197] 徐晓羽.留学生复合词认知中的语素意识[D].北京：北京语言大学,2004.

[198] 徐晓羽,陈舒敏.汉语二语学习者自主学习"心理—能力—行为三维模型"的构建和量表制订[A].对外汉语研究(第25期)[C].北京：商务印书馆,2022.

[199] 徐晓羽,陈舒敏."心理—能力—行为三维评估框架"下高校留学生学习自主性与学习成绩相关性研究[J].汉语学习,2022(03)：103-112.

[200] 徐鹰.统计分析在语言研究中的应用[M].广州：华南理工大学出版社,2018.

[201] 许闪闪.结合任务的对外汉语中级阅读教学对学生自主性的影响[D].上海：上海交通大学,2017.

[202] 许夏嫣.印尼三宝垄南洋三语国民学校小学汉语口语教学调查分析[D].泉州、厦门：华侨大学,2019.

[203] 许云花.不同类型激励策略对学生线上汉语自主学习中的应用——以印尼布拉维加亚大学中级口语教学为例[D].桂林：广西师范大学,2022.

[204] 薛莱.对初、中级留学生听力策略使用情况调查研究[D].兰州：西北师范大学,2015.

[205] 闫爱静.东西方文化差异和大学英语自主学习理论与实践研究[J].教育与职业,2013(24)：106-108.

[206] 闫丽萍.汉语听力教学中将听和说有机地结合起来——对"听后模仿"听力训练法的一些思考[J].语言与翻译,1998(01)：70-71.

[207] 严明.大学英语自主学习能力培养模式研究——体验的视角[M].哈尔滨：黑龙江大学出版社,2009.

[208] 严明.大学英语自主学习能力培养实证研究[J].外语电化教学,2010(02)：48-51.

[209] 杨虹.自主学习目标设置：理论、原则与体系[J].教育研究与实验,2012(06)：48-53.

[210] 杨惠元.中国对外汉语听力教学的发展[J].世界汉语教学,1992(04)：53-57.

[211] 杨惠元.汉语听力说话教学法[M].北京：北京语言学院出版社,1996.

[212] 杨静怡.论元认知策略与大学英语自主学习能力培养[J].中国劳动关系学院学报,2011,25(04)：112-114.

[213] 杨丽华.非汉语环境下印尼学生汉语口语学习策略研究[D].上海：上海外国语大学,2018.

[214] 杨巍.试论对外汉语教学中的自主学习[J].学习月刊,2014(02)：95-96.

[215] 叶晗,陈钧天."一带一路"背景下印度尼西亚华文教育发展探析[J].浙江科技学院学报,2021,33(04)：335-341.

[216] 叶玲玲.针对印尼成人初级班学生汉语口语教学策略研究[D].石家庄：河北师范大学,2011.

[217] 尹华东.中国外语自主学习研究回顾与展望(1979—2012)[J].外语教学,2014,35(01)：64-67,103.

[218] 尹飘.留学生汉语学习动机与课外自主学习行为的相关性研究——以广州两所高校为例[D].广州：广东外语外贸大学,2016.

[219] 余可华.目的语环境下外国学生汉语自主学习能力的培养[J].教学研究,2017,40(05)：13-18+28.

[220] 袁玲玲.初、中级留学生对外汉语听力策略训练初探[D].北京：北京语言大学,2005.

[221] 袁小陆.交互式大学英语自主学习模式研究[J].外语电化教学,2007(05)：49-53.

[222] 曾琦.合作学习的基本要素[J].学科教育,2000(06)：7-12.

[223] 翟艳.汉语口语：从教学到测试[M].北京：北京语言大学,2013.

[224] 展素贤、白媛媛.大学生英语学习动机与成绩的相关性研究——基于二语动机自我系统理论视角[J].华北理工大学学报(社会科学版).2017,17(06)：90-94.

[225] 张殿玉.英语学习策略与自主学习[J].外语教学,2005(01)：49-55.

[226] 张静.大学英语教学策略研究——教学策略之选择[J].外国语文,2011,27(04)：142-144.

[227] 张宏如,沈烈敏.学习动机、元认知对学业成就的影响[J].心理科学,2005(01)：114-116.

[228] 张立新,李霄翔.中国—西欧学生自主学习能力对比调查研究[J].外语界,2004(04)：15-23.

[229] 张铭凯,黄瑞昕,吴晓丽.大学生学习投入与学习自我效能感关系的实证研判[J].教育学术月刊,2021(11):83-90.

[230] 张瑞.复杂理论视角下的大学生英语自主学习能力的影响因素分析[J].外语研究,2014(02):52-55.

[231] 张仕海.汉字圈与非汉字圈留学生文化词习得比较研究[J].云南师范大学学报(对外汉语教学与研究版),2012,10(06):63-69.

[232] 张莹.从三部听力教材看对外汉语语体听力教学——《汉语听力教程(高级)》等的语体属性考察报告[J].语文学刊,2009(11):159-161.

[233] 张荣干.提升英语学习成效的课堂自主学习策略探析[J].课程·教材·教法,2010,30(06):81-84+112.

[234] 张若男.非洲来华学生汉语口语学习策略研究[D].厦门:厦门大学,2019.

[235] 张宇佳.印尼慈育大学高级汉语口语课教学设计——以《回归自然的饮料消费》为例[D].桂林:广西师范大学,2015.

[236] 张雪芹.试论大学生英语自主学习的质量监控体系[J].黑龙江高教研究,2010(05):150-152.

[237] 张雪芹.试析大学英语课程设置与教学模式[J].黑龙江高教研究,2011(06):152-154.

[238] 张艳,金杰.师生共同开发新闻英语课程资源教学模式研究[J].中国外语,2013,10(02):67-72.

[239] 赵令淳.汉语进修生与汉语言专业本科生汉语自主学习的对比研究——以复旦大学为例[D].上海:复旦大学,2020.

[240] 赵美娟,施心远,王会花.基于网络教学平台培养学生学习自主性的探索——以"零课时"英语听说课课程设计和实践为例[J].外语电化教学,2012(03):72-77.

[241] 者林,罗晨.构建对外汉语听力自主学习课堂——基于元认知理论[J].海外华文教育,2011(02):32-36.

[242] 郑赟.印尼小学汉语口语课教学设计——以巴厘岛文桥三语学校为例[D].广州:广东外语外贸大学,2020.

[243] 周菲琳.印尼大学汉语口语(初级)课堂教学现状研究[D].沈阳:沈阳师范大学,2014.

[244] 周磊.中级水平韩国留学生语言学习策略与汉语听力理解的关系研究[D].北京:北京语言大学,2004.

[245] 周新琦.外语学习者独立能力的培养[J].山东外语教学,1998(03): 77-80.

[246] 朱曼殊,缪小春.心理语言学[M].上海:华东师范大学出版社,1990.

[247] 朱青菊.综合互动型网络多媒体英语课件开发研究[J].外语电化教学, 2007(05):54-57.

[248] 朱湘燕,黄舒萍.印尼苏北华语口语词汇与现代汉语词汇差异调查[J].华 文教学与研究,2013(01):54-62.

[249] 朱小蔓.情感教育论纲[M].北京:人民出版社,2007.

[250] 朱晓申,邓军涛.网络环境下大学英语听力自主学习实证研究[J].外语电 化教学,2011(04):34-38.

[251] Ablard, Karen E. & Lipschultz, Rachelle E. Self-regulated learning in high-achieving students: relations to advanced reasoning, achievement goals, and gender. Journal of Educational Psychology, 1998, 90(1):94-101.

[252] Ajzen, I.. The directive influence of attitudes on behaviour. In Gollwitzer, P. M. & Bargh, J. A. (eds.), The Psychology of Action: Linking Cognition and Motivation to Behaviour. 1996:385-403.

[253] Allwright, R. L. Autonomy and individualization in whole-class instruction [A]. In Arthur Brookes & Peter Grundy (eds.), Individualization and autonomy in language learning. London: Modern English Publications and the British Council, 1988, 35-44.

[254] Bandura, Albert. Self-efficacy: Toward a unifying theory of behavior change. Psychological Review, 1977, 84(2):191-215.

[255] Bandura, Albert. Social Foundations of Thought and Action: A Social Cognitive Theory. Englewood Cliffs, NJ: Prentice-Hall, 1986.

[256] Bandura, Albert. Self-efficacy: The Exercise of Control. New York: Freeman, 1997.

[257] Benson, Phil. Concepts of autonomy in language learning. In Rrichard Pemberton, Edward S. L. Li, Winnie W. F. Or & Herbert D. Pierson (eds.) Taking Control: Autonomy in Language Learning. Hong Kong: Hong Kong University Press, 1996:27-34.

[258] Benson, Phil. The philosophy and politics of learner autonomy. In Phil Benson & Peter Voller (eds.). Autonomy and Independence in Language

Learning. London: Routledge, 1997: 18 - 34.

[259] Benson, Phil. Teaching and Researching Autonomy in Language Learning. London: Longman, 2001.

[260] Benson, P. (Auto) Biography and learner diversity, In P. Benson & D. Nunan (eds.). Learners' Stories: Difference and Diversity in Language Learning. Cambridge: Cambridge University Press, 2005: 4 - 21.

[261] Benson, Phil. Autonomy in language teaching and learning. Language Teaching, 2007, 40(01): 21 - 40.

[262] Benson, Phil. Learner Autonomy. TESOL Quarterly, 2013, 47(4): 839 - 843.

[263] Bergen, P. Developing Autonomous learning in the foreign language classroom. Bergen: Universitetet i Bergen Institutt for praktisk pedagogikk. In Dam, L. (ed.) Learner Autonomy: From Theory to Practice. Dublin: Authentik, 1990: 1 - 2.

[264] Binalet, C. B. & Guerra, J. M. A study on the relationship between motivation and language learning achievement among tertiary students. International Journal of Applied Linguistics and English Literature, 2014, 3(5): 251 - 260.

[265] Blin, F. CALL and the development of learner autonomy: Towards an activity-theoretical perspective. ReCALL, 2004, 16(2): 377 - 395.

[266] Bosker, Hans R. & Reinisch, Eva. Normalization for speechrate in native and nonnative speech. Talk presented at the 18th International Congress of Phonetic Sciences [ICPhS XVIII]. Glasgow. 2015 - 08 - 10.

[267] Bosker, H. R. & Reinisch, E. Foreign Languages Sound Fast: Evidence from Implicit Rate Normalization. Frontiers in Psychology, 2017 (8): 1 - 13.

[268] Boud, David. Developing Student Autonomy in Learning (Second Edition). London and New York: Taylor & Francis, 1988.

[269] Galla, B. M., Wood, J. J., Tsukayama, E., Har, K., Chiu, A. W. & Langer, D. A. A longitudinal multilevel model analysis of the within-person and between-person effect of effortful engagement and academic self-efficacy on academic performance. J Sch Psychol. 2014, 52(3): 295 - 308.

[270] Burstall, C. Factors Affecting Foreign-Language Learning: A Consideration of Some Recent Research Findings. Language Teaching & Linguistics: Abstracts, 1975, 8(1): 5 – 25.

[271] Busch, Deborah. Intraversion-extraversion and the EFL proficiency of Japanese students. Language learning, 32(1): 109 – 132.

[272] Candy, Philip C. Self-direction for Lifelong Learning: a Comprehensive Guide to Theory and Practice. San Francisco: Jossey-Bass, 1991.

[273] Griffiths, Carol. Patterns of language learning strategy use. System, 2003, 31(3): 367 – 383.

[274] Chamot, A. The learning strategies of ESL students. In A. Wenden & J. Rubin(Eds.). Learner strategies in language learning. London: Prentice Hall, 1987: 71 – 83.

[275] Chan, V., Humphreys, G. & Spratt, V. Autonomy and motivation: Which comes first?. Language Teaching Research, 2002, 6 (3): 245 – 266.

[276] Chan, V., Spratt, M. & Humphreys, G. Autonomous Language Learning: Hong Kong tertiary students' attitudes and behaviours. Evaluation & Research in Education, 2002, 16(1): 1 – 18.

[277] Cohen, Andrew D. Strategies in Learning and Using a Second Language. London: Longman, 1998.

[278] Cotterall, S. Promoting learner autonomy through the curriculum: Principles for designing language course. ELT Journal, 2000, 53(2): 109 – 117.

[279] Crookes, G. & Schmidt, R. W. Motivation: reopening the research agenda. Language Learning, 1991, 41(4): 469 – 512.

[280] Csizer, K. & Dornyei, Z. The internal structure of language learning motivation and its relationship with language choice and learning effect. The Modern Language Journal, 2005, 1: 19 – 33.

[281] Deci, E. L. & Ryan, R. M. Intrinsic Motivation and Self-Determination in Human Behavior. New York: Plenum Press. 1985.

[282] Dickinson, Leslie. Self-instruction in Language Learning. Cambridge: Cambridge University Press, 1987.

[283] Dickinson, Leslie. Learner Autonomy 2: Learner Training for Language Learning. Dublin: Authentik, 1992.

[284] Dickinson, Leslie. Preparing learners: Toolkit requirements for preparing / orienting learners. In E. Esch (Ed.), Self-Access and The Adult Language Learner. London: CILT, 1994: 39 - 49.

[285] Dickinson, Leslie. Autonomy and motivation: a literature review. System, 1995, 23 (2): 165 - 174.

[286] Dörnyei, Zoltán. Motivation in second and foreign language learning. Language Teaching, 1998, 31(3): 117 - 135.

[287] Eggen, P. & Kauchak, D. Educational Psychology: Windows on Classrooms. NJ: Prentice Hall, 1999.

[288] Ellis, R. The Study of Second Language Acquisition. Oxford: Oxford University Press, 1994.

[289] Firdausih, A. & Patria, B. Efikasi Diri Bahasa Inggris sebagai Mediator antara Orientasi Tujuan Penguasaan dan Keterikatan Siswa Belajar Bahasa Inggris. Gadjah Mada Journal of Psychology, 2018, 4(1): 76 - 86.

[290] Fortier, Michelle S., Vallerand, Robert J. & Guay, Frédéric. Academic motivation and school performance: toward a structural model. Contemporary Educational Psychology, 1995, 20(3): 257 - 274.

[291] Gardner, David & Miller, Lindsay. Establishing Self-Access: From Theory to Practice. Cambridge: Cambridge University Press. 1999.

[292] Gardner, Robert C. & Lambert, Wallace E. Attitudes and Motivation in Second Language Learning. Rowley: Newbury House, 1972.

[293] Gardner, R. C. Social Psychology and Second Language Learning: the Role of Attitudes and Motivation. London: Edward Arnold, 1985.

[294] Grolnick, W. S. & Ryan, R. M. Autonomy support in education: Creating the facilitating environment. In Nigel Hastings & Josh Schwieso (Eds.), New Directions in Educational Psychology 2 Behaviour and Motivation. London: Routledge, 1987: 213 - 232.

[295] Guglielmino, L. M. Development of the Self-directed Learning Readiness Scale. University of Georgia, GA. 1977.

[296] Haleh Mojarrabi Tabrizi & Mahnaz Saeidi. The relationship among Iranian EFL learners' self-efficacy, autonomy and listening comprehension ability. English Language Teaching, 2015, 8(12): 158 - 169.

[297] Hyland, F. Learning autonomously: Contextualising out-of-class English language learning. Language Awareness, 2004, 13(3): 180 - 202.

[298] Hayon, L. K. & Tillema, H. H. Self-regulated learning in the context of teacher education. Teaching and Teacher Education, 1999, 15(5): 507 - 522.

[299] Holec, H. Autonomy in Foreign Language Learning. Oxford: Pergamon/ Council of Europe, 1981.

[300] Hurd, S., Beaven, T. & Ortega, A. Developing autonomy in a distance learning context: issues and dilemmas for course writers. System, 2001, 29 (3): 341 - 355.

[301] Jones, J. F. Self-access and culture: Retreating from autonomy. ELT Journal, 1995, 49(3): 228 - 234.

[302] Keller, John M. Motivational design of instruction. In Charles M. Reigeluth(Ed.), Instructional Design Theories and Models: AN Overview of Their Current Status. Hillsdale, NJ: Lawrence Erlbaum Associates Publishers, 1983: 383 - 436.

[303] Kenny, B.. For more autonomy. System, 1993, 21(4): 431 - 442.

[304] Kohonen, V. Experiential language learning: second language learning as cooperative learner education. In D. Nunan (ed.) Collaborative Language Learning and Teaching, Cambridge: Cambridge University Press, 1992.

[305] Le Nguyen, T. C. Learner autonomy and EFL proficiency: A Vietnamese perspective. Asian Journal of English Language Teaching, 2008, (18): 67 - 87.

[306] Lewis, T. The effective learning of languages in tandem. In James A. Coleman & John Klapper (eds.), Effective Learning and Teaching in Modern Language. London: Routledge, 2004: 165 - 172.

[307] Little D. Freedom to learn and compulsion to interact: promoting learner autonomy through the use of information systems and information technologies. In Pemberton, Richard, Edward S. L. Li, Winnie W. F. Or, and Herbert D. Pierson(Eds.). Taking Control: Autonomy in Language Learning. Hong Kong: Hong Kong University Press, 1986: 193 - 209.

[308] Little, D. Learner Autonomy 1: Definitions, Issues and Problems. Dublin: Authentik. 1991.

[309] Little, D. Learning as dialogue: the dependence of learner autonomy on teacher autonomy, System, 1995, 23(2): 175 - 181.

[310] Littlewood, W. "Autonomy": an anatomy and a framework. System, 1996, 24(4): 427 - 435.

[311] Littlewood, W. Self-access: why do we want it and what can it do?. In P. Besnson & P. Woller (eds.) Autonomy and Independence in Language Learning. London: Longman, 1997: 79 - 92.

[312] Littlewood W. Defining and developing autonomy in East Asian contexts. Applied Linguistics, 1999, 20(1): 71 - 94.

[313] McMeniman, M. Motivation to learn. In: P. Langford (ed.), Educational Psychology: An Australian Perspective. Melbourne: Longman Cheshire, 1989: 215 - 237.

[314] Victori, Mia & Lockhart, Walter. Enhancing metacognition in self-directed language learning. System, 1995, 23(2): 223 - 234.

[315] Multon, Karen D., Brown, Steven D. & Lent, Robert W. Relation of self-efficacy beliefs to academic outcomes: A meta-analytic investigation. Journal of Counseling Psychology, 1991: 38(1): 30 - 38.

[316] Murayama, Isao. The status of strategies in learning: A brief history of changes in researchers' views. Learning Learning, 1996, 2(3): 45 - 56.

[317] Naiman, N., Fröhlich, M. & Todesco, A. The Good Language Learner. Toronto: Ontario Institute for Studies in Education, 1978.

[318] Newmann, F. M. Student Engagement and Achievement in American Secondary School. New York: Teachers College Press, 1992.

[319] Nisbet, J. D. & Shucksmith, J. Learning Strategies. London: Routledge & Kegan Paul, 1986.

[320] Nunan, D. Designing and adapting materials to encourage learner autonomy. In P. Benson, & P. Voller (eds.). Autonomy and Independence in Language Learning. London: Longman, 1997: 192 - 203.

[321] O'Malley, J. M., Chamot, A. U., Stewner-Manzanares, G., Küpper, L. & Russo, R. P. Learning strategies used by beginning and intermediate ESL students. Language Learning, 1985, 35(1): 21 - 46.

[322] O'Malley, J. M., Chamot, A. U. & Küpper, L. Listening Comprehension

Strategies in Second Language Acquisition. Applied Linguistics, 1989, 10(4): 418 – 437.

[323] O'Malley, J. M. & Chamot, A. U. Learning Strategies in Second Language Acquisition. Cambridge: Cambridge University Press, 1990.

[324] Oxford, Rebecca L. Language Learning Strategies: What Every Teacher Should Know. Boston: Heinle & Heinle Publishers, 1990.

[325] Oxford, R. L. Toward a more systematic model of L2 learner autonomy. In Palfreyman & Smith (eds.). Learner Autonomy Across Cultures. London: Palgrave Macmillan, 2003: 75 – 91.

[326] Park, G. Language Learning strategies and English proficiency in Korean university students. Foreign Language Annals, 1997, 30(2): 211 – 221.

[327] Pintrich, P. R. & DeGroot, E. V. Motivational and self-regulated learning components of classroom academic performance. Journal of Educational Psychology, 1990, 82(1): 33 – 40.

[328] Pintrich, P. R., Smith, David A. F., Garcia, T. & McKeachie, W. J. A Manual for the Use of the Motivated Strategies for Learning Questionnaire (MSLQ). Michigan: The Regents of The University of Michigan, 1991.

[329] Pokay, P. A. & Blumenfeld, P. C. Predicting achievement early and late in the semester: The role of motivation and use of learning strategies. Journal of Educational Psychology, 1990, 82(01): 41 – 50.

[330] Pokay, Patricia Ann. Predicting Achievement in Geometry eEarly and Late in the Semester: The Role of Motivation and Learning Strategy Use. University of Michigan Ann Arbor, 1998.

[331] Paiva, V. L. & Braga, J. The complex nature of autonomy. DELTA: Documentação de Estudos em Lingüística Teórica e Aplicada, 2008, 24: 441 – 468.

[332] Ryan, R. M. & Deci, E. L. Intrinsic and extrinsic motivations: Classic definitions and new directions. Contemporary Educational Psychology, 2000, 25(1): 54 – 67.

[333] Ryan, R. M. The Oxford Handbook of Human Motivation. New York: Oxford University Press, 2012.

[334] Rubin, J. What the 'good language learner' can teach us. TESOL Quarterly,

1975, 9(1): 41 - 51.

[335] Rubin, J. Learner strategies: Theoretical assumptions, research history and typology. In A. L. Wenden & J. Rubin (eds.). Learner Strategies In Language Learning. Englewood Cliffs, NJ: Prentice-Hall, 1987: 15 - 30.

[336] Scharle, A. & Szabo, A. Learner Autonomy: A Guide to Developing Learner Responsibility. London: Cambridge University Press, 2000.

[337] Schmenk, B. Globalizing learner autonomy. TESOL Quarterly, 2005, 39(1): 107 - 118.

[338] Schunk, D. H. Goal setting and self-efficacy during self-regulated learning. Educational Psychologist, 1990, 25(1): 71 - 86.

[339] Schunk, Dale H. & Ertmer, Peggy A. Self-regulation and academic learning: Self-efficacy enchancing interventions. In Monique Boekaerts, Paul R. Pintrich & Moshe Zeidner(eds.). Handbook of Self-Regulation. Burlington, MA: Academic Press, 2000: 631 - 649.

[340] Schunk, D. H. & Pajares, F. Self-Efficacy Theory. In K. R. Wenzel & A. Wigfield (eds.), Handbook of Motivation at School. Routledge/Taylor & Francis Group. 2009: 35 - 53.

[341] Schunk, Dale. H. & Zimmerman, Barry J. Self-regulation of Learning and Performance: Issues and Educational Applications. Hillsdale, NJ: Erlbaum. 1994.

[342] Siebert, L. L. Student and Teacher Beliefs About Language Learning. The ORTESOL Journal, 2003, 21: 7 - 39.

[343] Smith, R. C. Teacher education for teacher-learner autonomy. In Gollin, J., Ferguson, G. & Trappes-Lomax, H. (eds.). Symposium for Language Teacher Educators: Papers from Three IALS Symposia. Edinburgh: IALS, University of Edinburgh, 2003: 1 - 13.

[344] Sparks, R. L. &Ganschow, L. Foreign language learning differences: Affective or native language aptitude differences?. The Modern Language Journal, 1991, 75(1): 3 - 16.

[345] Stern, H. H. What can we learn from the good language learner?. Modern Language Review, 1975, 31(4): 304 - 318.

[346] Stern, H. H. Fundamental Concepts of Language Teaching. Oxford:

Oxford University Press, 1983.

[347] Sturtridge, Gill. Teaching and learning in self-access centres: changing roles? In Phil Benson & Peter Voller (eds.). Autonomy and Independence in Language Learning. London: Routledge, 1997: 61 - 73.

[348] Tassinari, Maria Giovanna. Evaluating learner autonomy: a dynamic model with descriptors. Studies in Self-Access Learning Journal, 2012, 3(1): 24 - 40.

[349] Sun, Ting & Wang, Chuang. College students' writing self-efficacy and writing self-regulated learning strategies in learning English as a foreign language. System, 2020, 90(3): 1 - 17.

[350] Ushioda, E. Developing a dynamic concept of L2 motivation. In Hickey, T. and Williams, J. (eds.) Language, Education and Society in a Changing World. Dublin: IRAAL/Multilingual Matters, 1996: 239 - 245.

[351] Ushioda, E. Motivation and good language learner. In Griffiths, Carol (ed.) Lessons from Good Language Learners. Cambridge: Cambridge University Press, 2008: 19 - 34.

[352] Vallerand, R. J. Toward a hierarchical model of intrinsic and extrinsic motivation. In M. P. Zanna (ed.). Advances in Experimental Social Psychology. New York: Academic Press. 1997: 271 - 360.

[353] Voller, P. Does the teacher have a role in autonomous language learning?. In Phil Benson(ed.). Autonomy and Independence in Language Learning. London: Routledge, 1997: 98 - 113.

[354] Weinstein, C. E. & Mayer, R. E. The teaching of learning strategies. In Merlin C. Wittrock (ed.) Handbook of Research on Teaching: A Project of the American Educational Research Association. Macmillan, New York: Collier-Macmillan. 1986: 315 - 327.

[355] Weinstein, C. E., Palmer, D. R. & ACEE, T. W. User's Manual: Learning and Study Strategies Inventory (Third Edition). Florida: H&H Publishing Company, 2016.

[356] Wenden, Anita L. Learner Strategies for Learner Autonomy. London: Prentice Hall, 1991.

[357] Wenden, A. L. Metacognitive knowledge and language learning. Applied

Linguistics, 1998, 19(4): 515 - 537.

[358] Williams M., & Burden R. L. Psychology for Language Teacher. Cambridge: Cambridge University Press, 1997.

[359] Williamson S. N. Development of a self-rating scale of self-directed learning. Nurse Researcher, 2007, 14(2): 66 - 83.

[360] Wright, T. Roles of Teachers and Learners. Oxford: Oxford University Press, 1987.

[361] Xu, J. A survey study of autonomous learning by Chinese non-English major post-graduates. English Language Teaching, 2009, 2(4): 25 - 32.

[362] Zimmerman, Barry J. A social cognitive view of self-regulated academic learning. Journal of Educational Psychology, 1989, 81(3): 329 - 339.

[363] Zimmerman, Barry J. Self-regulated learning and academic achievement: an overview. Educational Psychologist, 1990, 25(01): 3 - 17.

[364] Zimmerman, Barry J. Dimensions of academic self-regulation: A conceptual framework for education. In D. H. Schunk & B. J. Zimmerman (eds.) Self-regulation of Learning and Performance: Issues and Educational Applications. Mahwah, NJ: Lawrence Erlbaum Associates, 1994: 3 - 21.

[365] Zimmerman, Barry J. Self-efficacy: An essential motive to learn. Contemporary Educational Psychology, 2000, 25(1): 82 - 91.

附录一　汉语二语学习者自主学习调查

CSL Learner Autonomy Questionnaire
汉语学习者的自主学习调查

Dear students,

亲爱的同学：

We are graduate students from International Culture Exchange School in Fudan University. Now we are doing a research on CSL (Chinese as a Second Language) learner autonomy, which aims to explore the factors that affect effective Chinese learning, so as to improve the Chinese teaching. To collect data for the study, please help us to fill out the following questionnaire.

　　您好！我们是复旦大学国际文化交流学院的研究生。我们正在进行一项关于汉语学习者自主学习的调查,该调查有助于探究影响汉语学习的因素,从而改进汉语教学。为了收集数据,请帮助我们完成以下调查问卷。

The participation of this study is voluntary and you may quit at any time. Your participation will in no way affect your grades in any class. All of the information collected will be confidential and be used only for research purposes. To ensure the validity of the study, please try to answer all the questions as accurately as possible.

　　本次调查自愿参与,您可以随时结束本次问卷。调查结果仅用于本研究,不会影响到您的课程成绩。我们对所有信息都将严格保密。

Thanks so much for your cooperation.

If you have any questions, please feel free to contact Shumin Chen.

Email：17210800001@fudan.edu.cn

衷心感谢您的参与！

如有问题,欢迎您随时与我们联系。

联系人：陈舒敏

联系方式：17210800001@fudan.edu.cn

Direction 说明

You will find statements about learning Chinese. Please read each item and tick the choice (1, 2, 3, 4, 5) that tells HOW TRUE OF YOU THE STATEMENT IS. There are no model answers to these statements, so please answer them according to your own situations.

阅读以下有关汉语学习的描述,并根据自己的实际情况作答。答案无对错之分。

Never true 完全不符合 我的情况	Usually not true 通常不符合 我的情况	Somewhat true 有时符合 我的情况	Usually true 通常符合 我的情况	Always true 总是符合 我的情况
1	2	3	4	5

Part 1 第一部分

	1	2	3	4	5
1. I learn Chinese in order to find a good job. 我学习汉语是为了找到一份好工作。	○	○	○	○	○
2. I learn Chinese because I am personally interested in Chinese and Chinese culture. 我学习汉语是因为我对汉语和中国文化感兴趣。	○	○	○	○	○
3. I really enjoy learning Chinese. 我十分享受学习汉语的过程。	○	○	○	○	○
4. Learning Chinese is my personal choice. 学习汉语是我自己的选择。	○	○	○	○	○
5. I learn Chinese is because other people (e. g. parents, teachers, my company or school) want me to. 我学汉语是因为他人(父母、老师、公司或学校等)希望我学。	○	○	○	○	○
6. I am full of passion to learn Chinese. 我对学习汉语充满热情。	○	○	○	○	○

Part 2 第二部分

	1	2	3	4	5
7. It is easy for me to learn Chinese. 对我来说,学习中文是容易的。	○	○	○	○	○
8. I can find solutions when I am confronted with a problem in learning Chinese. 在学习汉语的过程中,遇到难题时我能想到解决的办法。	○	○	○	○	○

	1	2	3	4	5
9. If I spend time learning Chinese everyday, I can definitely learn Chinese better.如果我每天都花时间学汉语,我一定能把汉语学得更好。	○	○	○	○	○
10. I can remain calm when facing difficulties in learning Chinese because I am confident in my problem-solving abilities. 在学习汉语的过程中,遇到困难我都能冷静面对,因为我对自己处理问题的能力有信心。	○	○	○	○	○

Part 3 第三部分

	1	2	3	4	5
11. I think students themselves should be responsible for their Chinese learning. 我认为学生本人应该对自己的汉语学习负责。	○	○	○	○	○
12. I think students should decide on their own Chinese learning objective. 我认为学生本人应该自主决定自己的汉语学习目标。	○	○	○	○	○
13. I think students should make their own learning plan. 我认为学生本人应该自主制订学习计划。	○	○	○	○	○
14. I think students should decide on what to learn. 我认为学生本人应该自主决定学习的内容。	○	○	○	○	○
15. I think students should choose the learning materials that suit them. 我认为学生本人应该自主选择适合自己的学习材料。	○	○	○	○	○

续　表

	1	2	3	4	5
16. I think besides teachers, students should also evaluate their learning outcomes. 我认为除了教师以外,学生也应该评价自己的学习效果。	○	○	○	○	○
17. I think after a period of study, students should check the implementation of their study plan. 我认为经过一段时间的学习,学生应该检查自己学习计划的完成情况。	○	○	○	○	○
18. I think students should summarize and reflect on their own way of learning Chinese. 我认为学生应该总结和反思自己学习汉语的方法。	○	○	○	○	○

Part 4 第四部分

	1	2	3	4	5
19. I am fully responsible for my Chinese learning. 我能为自己的汉语学习负责。	○	○	○	○	○
20. I have a clear goal when learning Chinese. 我有明确的汉语学习目标。	○	○	○	○	○
21. I am able to develop a Chinese learning plan based on my own learning. 我能够根据自己的学习情况制订汉语学习计划。	○	○	○	○	○
22. I am able to decide on what to learn about Chinese. 我能够自主决定学习的内容。	○	○	○	○	○
23. I am able to choose the suitable learning materials based on my own Chinese proficiency. 我能够根据自己的汉语水平选择适合自己的学习材料。	○	○	○	○	○

	1	2	3	4	5
24. I am able to evaluate my Chinese learning outcome and find out the problems and solutions. 我能够评价自己学习汉语的效果,找出存在的问题和解决方法。	○	○	○	○	○
25. After a period of study, I am able to check the implementation of my study plan. 经过一段时间的学习,我会检查自己学习计划的执行情况。	○	○	○	○	○
26. I am able to summarize and reflect on my own way of learning Chinese. 我能够总结和反思自己学习汉语的方法。	○	○	○	○	○

Part 5 第五部分

	1	2	3	4	5
27. I practice the new language knowledge (e. g. vocabulary, grammar patterns, etc.) in different ways. 我用不同的方式反复练习学过的语言知识(如词汇或语法结构)。	○	○	○	○	○
28. I try to imitate and learn the pronunciation of native speakers. 我尝试模仿、学习母语者的发音。	○	○	○	○	○
29. When reading some materials, I consciously choose different reading strategies (such as extensive reading or intensive reading). 在阅读语言材料时,我有意识地选择不同的阅读方法(如泛读或者精读等)。	○	○	○	○	○

	1	2	3	4	5
30. When I am practicing listening skill, I consciously use listening strategies (such as note-taking, associations, predictions, etc.). 在做听力练习时,我有意识地使用听力方法(如记笔记、联想、预测等)。	○	○	○	○	○
31. I will use different methods to memorize language knowledge (such as making flashcards, making connections, dictations etc.). 我会采用不同的方法记忆语言知识(如制作词卡,联系法,听写等)。	○	○	○	○	○
32. In the process of learning a new language, I can realize my mistakes and find the reasons for the mistakes (such as first language interference, unfamiliar with the grammatical rules, etc.). 在学习汉语的过程中,我能意识到自己的错误,并找到错误的原因(如受到母语影响或不熟悉汉语语法的规则等)。	○	○	○	○	○
33. I am consciously looking for opportunities to practice Chinese in my daily life (such as finding a language partner, participating in a Chinese community activity, communicating with my classmates in Chinese, etc.). 我有意识地在日常生活中寻找机会练习汉语(如寻找语伴,参加汉语社团活动,与同学用汉语交流等)。	○	○	○	○	○
34. When someone speaks Chinese, I will consciously pay attention to the Chinese he uses (such as the pronunciation, vocabulary or grammatical structure). 在别人说汉语的时候,我会有意识地关注他使用的汉语(如发音、使用的词汇或语法结构等)。	○	○	○	○	○

	1	2	3	4	5
35. In the process of learning Chinese, I can take the initiative to overcome the emotional factors that are not good for Chinese learning (such as anxiety, inferiority, shyness, etc.). 在学习汉语的过程中,我能主动克服不利于汉语学习的情感因素(如焦虑、自卑、害羞等)。	○	○	○	○	○
36. In the process of learning Chinese, I will try to encourage myself to use it as much as possible and try to overcome the fear of making mistakes. 在学习汉语的过程中,我会想办法鼓励自己尽可能地使用汉语,克服害怕犯错误的情绪。	○	○	○	○	○
37. In the process of learning Chinese, I will ask others for help if I have problems. 在学习汉语的过程中,如果遇到问题我会向他人求助。	○	○	○	○	○
38. I try my best to understand and learn the culture of Chinese society to assist Chinese learning. 我尽力了解、学习中国社会的文化以帮助汉语学习。	○	○	○	○	○

Part 6 第六部分

	1	2	3	4	5
39. I will prepare for the new class before going to Chinese classes. 在上汉语课前,我会预习新课。	○	○	○	○	○
40. I will review the recent Chinese lessons. 我会复习最近学习的汉语课。	○	○	○	○	○

	1	2	3	4	5
41. I will take the initiative to take notes during Chinese classes. 在课上我会主动记笔记。	○	○	○	○	○
42. When the teacher asks questions in Chinese classes, I try to answer them as much as possible. 当老师在汉语课上提问题的时候,我尽可能主动回答。	○	○	○	○	○
43. I do my homework seriously. 我认真完成汉语作业。	○	○	○	○	○
44. I will ask the teacher if I encounter problems that I don't understand in the Chinese class. 在汉语课上遇到不懂的问题,我会向老师提问。	○	○	○	○	○
45. I will use existing learning resources to improve my Chinese (such as libraries, internet, reference books, Chinese radio, online courses, dictionaries, grammar books, etc.). 我会利用已有的学习资源来提高汉语水平(如图书馆、网络、参考书、汉语广播、网上课程、字典、语法书等)。	○	○	○	○	○
46. I learn Chinese by participating in Chinese-related extracurricular activities (such as Chinese language clubs, speech contests, debate contests, drama performances, singing contests, etc.). 我通过参加与汉语相关的课外活动来学习汉语(如汉语社团、演讲比赛、辩论比赛、话剧表演、歌唱比赛等)。	○	○	○	○	○
47. I take the initiative to watch Chinese movies, TV dramas or listen to Chinese songs to learn Chinese. 我主动看汉语电影、电视剧或听中文歌曲来学习汉语。	○	○	○	○	○

	1	2	3	4	5
48. I will use Chinese to record what happened around me (such as sharing on WeChat moments, microblog or writing diaries in Chinese, etc.). 我会用汉语记录周围发生的事情(如用汉语发微信朋友圈、微博或记日记等)。	○	○	○	○	○
49. I will read Chinese news, newspapers or magazines after class. 我会在课外阅读汉语新闻、报纸或杂志。	○	○	○	○	○
50. I will use Chinese as much as possible in my daily life (either online or in real life). 我会尽可能地在日常生活中使用汉语(网上或现实生活)。	○	○	○	○	○

General information 基本信息

1. Gender 性别:

○ Male 男　　　　　○ Female 女　　　　○ Others 其他

2. Age 年龄 _____

3. Nationality 国籍 _____

4. HSK Level HSK 等级

○ HSK 1

○ HSK 2

○ HSK 3

○ HSK 4

○ HSK 5

○ HSK 6

○ Did not take the HSK test 没有参加 HSK 考试

5. Except for your mother language, how many languages

can you speak? 除了你的母语,你还会说几种语言?

○ 0

○ 1

○ 2

○ 3

○ More than 3 超过三种

6. Time of learning Chinese? 你学习汉语多久了?

○ 1 - 6 months 一到六个月

○ 7 months - 1 year 七个月到一年

○ 1 - 2 years 一到两年

○ 2 - 3 years 两到三年

○ More than 3 years 三年以上

7. How long have you been studied in Fudan University? 你在复旦大学学习多久了?

○ Less than a semester 少于一个学期

○ 1 - 2 semesters 一到两个学期

○ 1 - 2 years 一到两年

○ More than 2 years 超过两年

8. Which class are you in? 你在哪个班级?

E.g. A1, A2, ... _____

9. What's your name or student ID? 你的名字或学号是什么?

_____

The purpose of this research is to explore how students' autonomous learning affect their Chinese proficiency and that's why we need to have your name or student ID — to better follow up students' Chinese acquisition. All your information is for research only.

10. Your Email 您的电子邮箱

This is optional. If you're interested in this research and are willing to share more about your Chinese learning experience with us, you are very welcome to leave your email and we will contact you later. Again, your personal information will be absolutely confidential. Thank you!

该题是选答题。如果你对我们的研究感兴趣,并且愿意跟我们分享你的汉语学习经历,请留下邮箱,我们到时候会与您联系。谢谢!

Thanks for your time and hope you enjoy the Chinese learning journey!

谢谢!祝您学习愉快!

附录二　访　谈　提　纲

1. 基本情况：国籍,掌握的外语数量,汉语学习时间(自己的国家/中国)

2. 你为什么选择学汉语呢？一开始选择学汉语的原因和现在还是一样的吗？如果发生了变化,是什么导致了这个变化呢？

3. 你来复旦多久了？为什么来中国(复旦)学习汉语呢？

4. 来到中国学习汉语跟在你的国家学习汉语有什么不一样的地方吗？[→提示：与自己的国家相比,语言环境、教学方法、学习环境、同学、学校组织(如社团或语伴)等]

5. 来到中国有没有更加喜欢学习汉语？为什么呢？

6. 很多人都说汉语很难,你觉得呢？

7. 你觉得来到复旦之后,学汉语这件事变得容易一些吗？

8. 你觉得汉语学得好不好,主要的责任在老师还是在学生？

9. 在平常的汉语学习中,会给自己制订学习计划吗？是怎么制订的？自己的完成情况怎么样？

10. 除了学校的考试,你还会通过什么方法来了解自己的汉语学习情况？

11. 在汉语听说读写四个方面,对你来说最难的是什么？(→进一步问学习者：是怎么学习的？是否使用什么策略？是怎么学到这个策略的呢？)

12. 除了教材,你平时还用什么资源或工具(如 App、电视剧、电影、音乐、中文书等)学习汉语？你能推荐一两个给其他的汉语学习者吗？你是怎么选择这些资源的？在使用这些资源的时候有什么问题吗？希望获得什么样的帮助？

13. 除了上课以外,你会在课外自己学习汉语吗？怎么学习的？有语伴吗？参加了中国的社团吗？如果参加了,能简单介绍一下社团的情况吗？在社团中经常使用汉语吗？你觉得参加这些社团或者和语伴结对学习对提高你的汉语有帮助吗？

14. 中国老师是怎么教汉语的？你能适应吗？

15. 平时会预习吗？课上会不会主动举手回答问题或者有问题会主动提吗？会及时复习吗？

16. 最近在学习汉语的时候遇到的最大的困难是什么？解决了吗？你希望得到什么样的帮助？

17. 你知道什么是自主学习吗？（如果学生不知道,就解释一下）你觉得自己什么时候是在自主学习汉语呢？你觉得自己每天自主学习汉语的时间大概多长？

18. 你觉得自己自主学习汉语与老师上课相比,有什么差异？或者各有什么优点和缺点？对自主学习的认知。

19. 你觉得在中国学习汉语有什么促进或阻碍你自主学习（汉语）的因素吗？你能举个例子吗？（→提示:老师的帮助,中国学生,中国的语言环境,班级,中国的汉语资源比如图书馆、书籍、网上资源如网课、视频,社交工具如微信、微博等）

20. 关于自主学习汉语,你还有什么想要和我分享的吗？

附录三　汉语二语学习者听力学习自主性调查

CSL Listening Learner Autonomy Questionnaire
汉语二语学习者的听力学习自主性调查

Dear students,

亲爱的同学：

We are graduate students from International Culture Exchange School in Fudan University. Now we are doing a research on CSL (Chinese as a Second Language) learner autonomy in listening, which aims to know about the situation of Chinese listening and explore the factors that affect effective Chinese listening, so as to improve the Chinese teaching in listening class. To collect data for the study, please help us to fill out the following questionnaire.

您好！我们是复旦大学国际文化交流学院的研究生。我们正在进行一项关于汉语学习者听力学习自主性的调查，该调查有助于我们了解汉语听力学习情况并且探究影响汉语听力学习的因素，从而改进汉语听力教学。为了收集数据，请帮助我们完成以下调查问卷。

The participation of this study is voluntary and you may quit at any time. Your participation have no effect in your grades. All of the information collected will be confidential and be used only for research purposes.

　　本次调查自愿参与,您可以随时结束本次问卷。调查结果仅用于本研究,不会影响到您的课程成绩。我们对所有信息都将严格保密。

Thanks so much for your cooperation.

If you have any questions, please feel free to contact Ivy Jiang.

　　Email：19210800015@fudan.edu.cn　Tel：13764807550

　　衷心感谢您的参与!

　　如有问题,欢迎您随时与我们联系。

　　联系人:江婧婧

　　邮箱：19210800015@fudan.edu.cn　电话：13764807550

Direction 说明

Please read each item and tick the choice (1, 2, 3, 4, 5) that tells HOW TRUE OF YOU THE STATEMENT IS. There are no standard answers to these statements, so please answer them according to your own situations.

　　阅读以下有关汉语学习的描述,并根据自己的实际情况作答。答案无对错之分。

Never true 完全不符合 我的情况	Usually not true 通常不符合 我的情况	Somewhat true 有时符合 我的情况	Usually true 通常符合 我的情况	Always true 总是符合 我的情况
1	2	3	4	5

Part 1 第一部分

	1	2	3	4	5
1. I practice listening in order to prepare for HSK. 我练习听力是为 HSK 等考试作准备。					
2. I practice listening in order to improve my listening. 我进行听力学习是为了提高汉语听力水平。					
3. Listening is quite easy for me in Chinese learning. 我认为汉语学习,听力是比较简单的。					
4. If I spend time practicing Chinese listening everyday, I can definitely improve my Chinese listening. 如果我每天都花时间练习听力,我的汉语听力一定会更好。					
5. I can be calm when I can not understand what I am listening to, because I think I can deal well with it. 在听力的过程中,遇到听不懂的地方我都能冷静面对,因为我认为我能够处理好。					
6. I think listening is the most important skill in Chinese learning. 我认为听力是最需掌握的汉语技能。					
7. I think the key to listening lies in myself. 我认为听力学习关键在自己。					

Part 2 第二部分

	1	2	3	4	5
8. I am able to choose efficient learning methods to improve my listening skill and become a better language learner. 我可以选择有效学习途径提高我的听力技能,使自己成为一个更好的语言学习者。					

续表

	1	2	3	4	5
9. I can be concentrated before listening practice. 听力练习开始之前,我能够集中注意力。					
10. I am able to take notes during Chinese listening practice. 我在听力练习时会做一定的笔记。					
11. I am able to write down the key information in abbreviations and shorthand. 我会用缩写速记听力材料的关键信息。					
12. I am able to infer what is following according to the tones and intonation in the context. 我能够根据上下文语气、语调推断后面的内容。					
13. I am able to infer the meaning of new words according to context. 碰到生词时,我能够根据上下文猜词的意思。					
14. I repeat what I listen to in my heart and memorize it. 在听力理解中,我在心里复述,并边听边记。					
15. I am able to take advantage of memory strategies (such as association key-words memorizing, reviewing in time, ect.). 我注意利用记忆策略(比如联想、记关键词、及时复习等)提高记忆效果。					
16. I am able to adopt different learning methods (such as intensive listening, extensive listening, translating, reading aloud and shadowing) according to different content. 我能够根据不同的学习内容采取不同的学习方法(如精听、泛听、朗读、跟读等)。					

	1	2	3	4	5
17. I am able to summarize and catch the main point in stories, news, interviews and debates. 我可以在听故事、新闻事件、采访、辩论和讨论后总结并提取大意。					
18. I can realize my mistakes in the process of Chinese listening. 在汉语听力学习过程中能够意识到自身的错误。					
19. I can find the reasons for the mistakes(such as the tones, light tones, new words and cultural background) and take measures to correct them. 在意识到错误的同时能够找到错误的原因,如听不懂声调、轻声,词语意思和文化背景等,并且采取相应措施更正错误。					
20. I am able to check and update what I learned about the previous knowledge in the process of a listening task. 在完成某项听力任务过程中,我能够检查并更新自己对前面知识的理解。					
21. I am able to summarize and evaluate my listening learning situation in time, such as after one month or half of a semester. 每过一段时间(比如一个月或者半个学期),我会及时总结评价这一阶段的听力学习情况。					
22. I am able to analyze the reasons why I am improved or not in Chinese listening. 我能分析自己听力水平产生变化或无变化的原因。					
23. I am able to overcome anxiety, tension, shyness and other emotional factors that are not conducive to Chinese listening. 我能克服焦虑、紧张和害羞等不利于汉语听力学习的情感因素。					

	1	2	3	4	5
24. When I can not understand, I am able to control my emotion and encourage myself. 当我听不懂时,我能控制自己的情绪,并且鼓励自己。					
25. I am good at turning to others to practice and improve listening. 我善于借助他人的帮助练习听力技能,提高听力水平。					
26. I try my best to understand and learn the culture of Chinese society to assist Chinese learning. 我能尽力了解、学习中国社会的文化以帮助汉语听力学习。					

Part 3 第三部分

	1	2	3	4	5
27. I will be proactive to know the teaching objectives and content in listening class. 我会主动了解听力课的教学目标和内容。					
28. I will set my studying objectives according to teaching objectives in class. 我能把听力课的教学目标转化成自己的学习目标。					
29. I will set my listening objectives according to my level. 我能根据自己的具体情况制订明确的听力学习目标。					
30. I know the intention of listening activity organized by teachers in listening class. 我了解教师在听力课堂上组织的各项听力活动的意图。					

	1	2	3	4	5
31. I can keep up with the teacher in class. 在课堂上我能够跟上老师的进度。					
32. I understand the teaching methods that the teacher adopts to train our listening skills in class. 我能够领会老师在课堂上采取听力技能训练的教学方法。					
33. I arrange my Chinese learning time efficiently. 我可以有效安排我的汉语听力学习的时间。					
34. I do after-school listening tasks assigned by the teacher. 我能自觉地完成教师布置的课外听力学习任务。					
35. Except for listening tasks assigned by the teacher, I make my own listening plans. 除了教师布置的听力任务以外，我还制订了我自己的听力学习计划。					
36. I make a good plan in Chinese listening every week. 我每周都会对汉语听力学习的时间做一个计划。					
37. I adjust the study plan and time according to objectives. 我会根据目标的变化来调整学习计划和时间安排。					
38. I choose listening contents and materials based on my level. 我能够根据实际情况确定自己的听力学习内容，选择听力材料。					
39. I like the listening Chinese listening materials that I choose. 我很喜欢听自选的汉语听力材料。					

续 表

	1	2	3	4	5
40. I take the initiative to watch Chinese movies, TV dramas or listen to Chinese songs to practice my listening and learn Chinese. 我会主动看汉语电影、电视剧或听中文歌曲来练习听力，学习汉语。					

General information 基本信息

1. Gender 性别：

　○ Male 男　　　　　○ Female 女

2. Age 年龄 _____

3. Nationality 国籍 _____

4. School 学校 _____

5. Class 班级 _____

6. I am an active and extroverted person. 我是一个活泼开朗外向的人。

　○ Never true 完全不符合我的情况

　○ Usually not true 通常不符合我的情况

　○ Somewhat true 有时符合我的情况

　○ Usually true 通常符合我的情况

　○ Always true 总是符合我的情况

7. HSK Level HSK 等级

　○ HSK 1

　○ HSK 2

　○ HSK 3

　○ HSK 4

○ HSK 5

○ HSK 6

○ Did not take the HSK test 没有参加 HSK 考试

8. Except for your mother language, how many languages can you speak? 除了你的母语,你还会说几种语言?

○ 1

○ 2

○ 3

○ More than 3 超过三种

9. Time of learning Chinese? 你学习汉语多久了?

○ 1 year or less than 1 year 一年及以下

○ 1 - 2 years 一到两年

○ 2 - 3 years 两到三年

○ 3 years and more than 3 years 三年及以上

10. What aspect of Chinese listening is bothering you? (multiple choice)

汉语听力在哪个方面令你困扰? (多选)

○ Phonetics/Pronunciation 语音

○ Vocabulary 词汇

○ Grammar 语法

○ Speaking pace 语速

○ Chinese culture background 中国文化背景

11. How long do you usually spend on learning Chinese listening every week?

你一周通常会花多长时间学习汉语听力?

○ Hardly　几乎没有

○ 30 - 60 min　30—60 分钟

○ 1 - 2 hours　　一到两小时

○ 2 - 4 hours　　两到四小时

○ More than 4 hours 超过四小时

12. Your Email 您的电子邮箱

This is optional. If you're interested in this research and are willing to share more about your Chinese learning experience with us, you are very welcome to leave your email and we will contact you later. Again, your personal information will be absolutely confidential. Thank you!

该题是选答题。如果你对我们的研究感兴趣,并且愿意跟我们分享你的汉语学习经历,请留下邮箱,我们到时候会与您联系。谢谢!

Thanks for your time and hope you enjoy the Chinese learning journey!

谢谢! 祝您学习愉快!

附录四 印尼汉语学习者口语
自主学习调查

Survei Pembelajaran Otonom Pelajaran
Berbicara Bahasa Mandarin
印尼汉语学习者口语自主学习调查

Salam hormat,

您好!

Saya adalah mahasiswa yang sedang menempuh studi magister di Fudan University. Pada saat ini sedang melakukan survei mengenai pembelajaran otonom pelajaran berbicara bahasa Mandarin bagi pelajar Indonesia. Survei ini akan membantu saya untuk mengetahui situasi pembelajaran otonom dalam pelajaran berbicara bahasa Mandarin, serta faktor yang berpengaruh terhadapnya. Melalui hasil survei ini diharapkan dapat meningkatkan kualitas dari pembelajaran serta pengajaran bagi pelajaran berbicara bahasa Mandarin. Diharapkan partisipasi Anda untuk mengisi kuesioner dibawah ini.

您好!我们是复旦大学国际文化交流学院的研究生。我们正在进行一项关于印尼汉语学习者口语自主学习的调查,该调查有助于我们了解汉语口语自主学习的情况并且探究影响汉语口语自主学习的因素,从而改进汉语口语教学,提升学习者的口语水平。为了收集数据,请帮助我们完成以下调查问卷。

Partisipasi untuk mengikuti survei ini bersifat sukarela, hasil dari survei ini hanya digunakan untuk kepentingan riset dan akan terjamin kerahasiaan data yang berhubungan dengan privasi Anda.

本次调查自愿参与,您可以随时结束本次问卷。调查结果仅用于本研究。我们对所有信息都将严格保密。

Terima kasih banyak atas partisipasi Anda.

Jika ada hal yang perlu ditanyakan, silakan hubungi saya.

　　Nama：Edy

　　Email：professional.edy@gmail.com

衷心感谢您的参与!

如有问题,欢迎您随时与我们联系。

联系人：Edy

邮箱：professional.edy@gmail.com

Petunjuk 说明

Bacalah dengan teliti pernyataan yang disampaikan pada tabel dibawah ini, Beri tanda centang (√) pada kolom angka yang menunjukkan kesesuaian penyataan dengan Anda. Respon yang Anda berikan tidak menyangkut benar atau salah.

阅读以下有关汉语学习的描述,并根据自己的实际情况在相应数字的格子中打钩。回答无对错之分。

Sangat tidak setuju 完全不符合 我的情况	Tidak setuju 通常不符合 我的情况	Netral 有时符合 我的情况	Setuju 通常符合 我的情况	Sangat setuju 完全符合 我的情况
1	2	3	4	5

Contoh 示例

	1	2	3	4	5
1. Saya menggunakan bahasa Mandarin saat berkomunikasi dengan teman. 我跟朋友用汉语聊天。				√	

Bagian Pertama 第一部分

Sangat tidak setuju 完全不符合 我的情况	Tidak setuju 通常不符合 我的情况	Netral 有时符合 我的情况	Setuju 通常符合 我的情况	Sangat setuju 完全符合 我的情况
1	2	3	4	5

	1	2	3	4	5
1. Saya belajar berbicara Mandarin karena tertarik terhadap bahasa Mandarin dan budaya China. 我学习汉语口语,是因为对汉语和中国文化感兴趣。					
2. Saya sangat menikmati proses pembelajaran berbicara Mandarin. 我很享受学习汉语口语的过程。					
3. Saya belajar berbicara Mandarin agar dapat mendapat pekerjaan yang (lebih) baik atau agar meningkatkan daya saing dalam dunia kerja. 我学习汉语口语,是为了将来得到(更)好的工作或提升自身职业的竞争力。					
4. Saya belajar berbicara Mandarin untuk mendapat sertifikat (HSKK Speaking). 我学习汉语口语,是为了拿到证书(HSKK 口语)。					

续　表

	1	2	3	4	5
5. Saya rutin untuk menentukan target pembelajaran agar dapat mencapai tujuan pembelajaran berbicara Mandarin yang lebih tinggi. 为了实现更高的汉语口语学习目标,我定期提高要求。					
6. Saya mempunyai keyakinan untuk dapat menguasai kemampuan berbicara Mandarin. 我有信心学好汉语口语。					
7. Saya dapat mengatasi kesulitan yang dihadapi saat pembelajaran berbicara Mandarin. 我能够克服学习汉语口语中遇到的困难。					
8. Saya bersedia untuk berusaha dan menggunakan waktu lebih banyak untuk meningkatkan kemampuan berbicara Mandarin. 我愿意付出努力(时间、精力)提高汉语口语能力。					
9. Pada saat mengikuti ujian berbicara Mandarin, saya dapat mengatasi kegugupan atau kecemasan yang dihadapi. 参加汉语口语考试时,我能主动克服焦虑。					
10. Menurut saya mempelajari pengetahuan dan meningkatkan kemampuan berbicara Mandarin tidak terbatas pada pembelajaran di kelas. 我认为学习汉语口语知识、提高汉语口语能力不限于课堂范围内。					
11. Menurut saya hanya dengan mempraktekkan berbicara Mandarin, baru dapat mengetahui hasil pembelajarannya. 我认为只有通过实际应用汉语口语,才能判断真正的学习效果。					

	1	2	3	4	5
12. Menurut saya diperlukan waktu dan usaha yang lebih agar dapat menguasai kemampuan berbicara Mandarin. 我认为想要学会汉语口语需要付出很多的时间和精力。					
13. Menurut saya setiap pelajar dalam menentukan target pembelajaran berbicara Mandarin, seharusnya berdasarkan kondisi dan kebutuhan sendiri. 我认为学生应该根据自己的条件和需要,自己设定汉语口语学习目标。					
14. Menurut saya setiap pelajar seharusnya menentukan sendiri materi pembelajaran berbicara Mandarin. 我认为学生应该自己选择学习的内容。					
15. Menurut saya setiap pelajar seharusnya membuat sendiri rencana pembelajaran berbicara Mandarin. 我认为学生应该自己制订汉语口语学习计划。					
16. Menurut saya, selain guru atau dosen, setiap pelajar seharusnya mengukur atau menilai sendiri hasil pembelajaran berbicara Mandarin. 我认为除了老师之外,学生也应该评价自己的汉语口语学习效果。					
17. Menurut saya setiap pelajar seharusnya mengevaluasi sendiri cara atau metode pembelajaran berbicara Mandarin. 我认为学生也应该自己反思汉语口语学习方法。					

Bagian Kedua 第二部分

Sangat tidak setuju 完全不符合 我的情况	Tidak setuju 通常不符合 我的情况	Netral 有时符合 我的情况	Setuju 通常符合 我的情况	Sangat setuju 完全符合 我的情况
1	2	3	4	5

	1	2	3	4	5
18. Saya mempunyai target jangka pendek atau jangka panjang dalam pembelajaran berbicara bahasa Mandarin. 我有明确的短期或长期学习汉语口语的目标。					
19. Saya dapat menentukan sendiri rencana pembelajaran berbicara Mandarin sesuai dengan target yang ingin dicapai. 我能自己根据汉语口语的学习目标制订相应的学习计划。					
20. Saya dapat menentukan sendiri isi pembelajaran berbicara Mandarin sesuai dengan kondisi atau kebutuhan. 我能自己根据条件或需要决定学习汉语口语的内容。					
21. Saya dapat menentukan sendiri bahan pembelajaran berbicara Mandarin yang sesuai. 我能自己选择适合自己的汉语口语学习材料。					
22. Saya dapat mengevaluasi sendiri hasil pembelajaran berbicara Mandarin. 我能准确评估自己学习汉语口语的效果。					
23. Saya dapat memeriksa sendiri dengan sungguh-sungguh kemajuan dari rencana pembelajaran berbicara Mandarin. 我能自己认真检查汉语口语学习计划的进展情况。					

	1	2	3	4	5
24. Saat proses pembelajaran berbicara Mandarin, saya memikirkan dan mengevaluasi cara pembelajaran saya (tepat atau tidak cara yang digunakan, dsb.). 在学习汉语口语的过程中,我思考和反思自己的学习方法。					,
25. Saya berlatih berbicara Mandarin dengan mengulang membaca keluar suara. 我通过反复朗读课文练习口语。					
26. Saya berlatih berbicara Mandarin dengan cara meniru ucapan. 我通过跟说(模仿)学习汉语口语。					
27. Setelah latihan meniru ucapan, saya menggulangi isi ucapan secara ringkas. 跟说(模仿)／朗读后,我会自己再概括地表达。					
28. Saya berlatih berbicara Mandarin dengan "berbicara kepada diri sendiri" (Misalkan, mengucapkan apa yang dipikirkan atau dengan menghadap ke cermin lalu berucap). 我通过"自言自语"(如把正在想的事情说出来 ／ 对着镜子说话)操练汉语口语。					
29. Saat berkomunikasi dengan Mandarin, saya menggunakan frase atau kalimat yang sebelumnya pernah didengar atau dipelajari. 与人用汉语交谈时,我会用以前接触过的话语表达(如短语、句子)来回应对方。					
30. Saat belajar berbicara Mandarin, saya memerhatikan pelafalan, intonasi, nada bicara. 学习汉语口语时,我会注意语音、语调、语气(如表达的是怎样的心情)。					

续 表

	1	2	3	4	5
31. Saat belajar berbicara Mandarin, saya akan menghafal kata atau kalimat yang sering muncul atau yang dapat saya pahami. 学习汉语口语时,我会背下经常出现的或自己理解的词语、语句。					
32. Saat berkomunikasi dengan Mandarin, saya memerhatikan kecepatan bicara dan ketepatan pelafalan dalam ujaran yang saya ucapkan. 与人用汉语交谈时,我会注意自己的语速、发音是否适当。					
33. Saat berkomunikasi dengan Mandarin, saya memerhatikan ketepatan penggunaan kata dan tata bahasa(grammar)dalam ujaran yang saya ucapkan. 与人用汉语交谈时,我会注意自己的用词、语法是否准确。					
34. Saat berkomunikasi dengan Mandarin, saya memerhatikan ketepatan maksud yang disampaikan dan kesesuaian logika dalam ujaran yang saya ucapkan. 与人用汉语交谈时,我会注意自己的含义表达是否清楚,逻辑是否合适。					
35. Saat berkomunikasi dengan Mandarin, saya dapat segera membetulkan kesalahan pada ujaran yang saya ucapkan. 与人用汉语交谈时,我会及时纠正自己表达上的错误。					
36. Saat berbicara Mandarin, jika malu-malu saya akan berusaha untuk meyakinkan diri sendiri. 说汉语时,如果感到害羞,我会用很多方式让自己自信起来。					

续　表

	1	2	3	4	5
37. Saat berbicara Mandarin, jika merasa gugup saya akan berusaha untuk menenangkan diri. 说汉语时，如果感到紧张,我会用很多方式让自己放松下来。					
38. Saat belajar berbicara Mandarin, jika menghadapi kesulitan saya akan meminta bantuan kepada teman atau guru／dosen. 学习汉语口语时,如果遇到问题或困难,我会请教我的同学或老师。					
39. Saat belajar berbicara Mandarin, saya akan meminta tolong kepada teman atau guru／dosen agar memberitahu kesalahan yang saya lakukan. 学习汉语口语时,我会让我的同学或老师指出自己犯的错误。					
40. Saya membahas pengalaman yang didapat saat proses pembelajaran berbicara Mandarin dengan teman atau guru／dosen. 我会跟同学或老师交流自己学习汉语口语的心得。					

Bagian Ketiga 第三部分

Sangat tidak setuju 完全不符合 我的情况	Tidak setuju 通常不符合 我的情况	Netral 有时符合 我的情况	Setuju 通常符合 我的情况	Sangat setuju 完全符合 我的情况
1	2	3	4	5

	1	2	3	4	5
41. Saat mengikuti pelajaran berbicara Mandarin, saya berinisiatif untuk membaca keluar suara teks pelajaran. 上口语课时，我主动朗读课文。					

	1	2	3	4	5
42. Saat mengikuti pelajaran berbicara Mandarin, saya berinisiatif untuk menjawab pertanyaan. 上口语课时,我主动回答问题。					
43. Saat mengikuti pelajaran berbicara Mandarin, saya berinisiatif untuk menyampaikan pendapat. 上口语课时,我主动发言(发表自己的看法)。					
44. Saat mengikuti pelajaran berbicara Mandarin, saya secara aktif berkomunikasi dengan teman atau guru/dosen. 上口语课时,我积极与同学或老师交流。					
45. Saya memanfaatkan film (film bioskop, drama atau acara televisi) untuk meniru dan belajar berbicara Mandarin. 我通过看影视作品(如电影、电视剧或电视节目)模仿、学习口语表达。					
46. Saya memanfaatkan radio (atau rekaman suara) untuk meniru dan belajar berbicara Mandarin. 我通过听广播(如收音机、语音博客)模仿、学习口语表达。					
47. Saya secara aktif mengikuti kompetisi Mandarin (contoh: mengisi suara film, membaca, bercerita, pidato atau debat). 我积极参加汉语比赛(如配音、朗诵、讲故事、演讲或辩论比赛)。					
48. Selama ada kesempatan saya selalu menggunakan Mandarin untuk berkomunikasi dengan orang bisa berbahasa Mandarin (contoh: mengobrol, membahas topik tertentu atau berbagi pengalaman, dsb.). 只要有机会,我就与会汉语的人用汉语口头交流(如自由对话、话题讨论或分享交流)。					

Data Pribadi 个人信息

1. Jenis kelamin 性别:

○ Laki-laki 男　　　○ Perempuan 女

2. Umur 年龄:＿＿＿＿＿＿＿

3. Pendidikan terakhir 最高学历:

○ Diploma 大专

○ Sarjana 本科

○ Magister 硕士

○ Doktor 博士

○ Lainnya 其他

4. Status 身份:

○ Pelajar 学生

○ Bekerja 工作

○ Lainnya 其他

5. Tingkat HSKK (Speaking) HSKK(口语)等级:

Jika memiliki beberapa sertifikat dengan tingkat berbeda, pilih tingkat tertinggi diantaranya. 如果有几个等级的证书,请选择其中最高等级的证书。

　　○ Tingkat dasar 初级(Nilai 成绩:＿＿＿＿＿＿)

　　○ Tingkat menengah 中级(Nilai 成绩:＿＿＿＿＿＿)

　　○ Tingkat tinggi 高级(Nilai 成绩:＿＿＿＿＿＿)

　　○ Tidak ada sertifikat HSKK (Speaking) 没有 HSKK(口语)证书

6. Selain bahasa Indonesia, kamu bisa berbicara berapa bahasa asing? 除了你的母语,你还会说几种语言(外语)?

　　○ 1

　　○ 2

○ 3

7. Sudah berapa lama kamu belajar bahasa Mandarin? 你学习汉语多久了？

  ○ Dibawah 1 tahun 一年以下

  ○ 1 s/d. 2 tahun 一到两年

  ○ 2 s/d. 3 tahun 两到三年

  ○ Diatas 3 tahun 三年以上

8. Dalam seminggu berapa lama durasi kamu belajar Mandarin? 你一周学习多长时间汉语？

  ○ Dibawah 1 jam 一个小时以下

  ○ 1 s/d. 2 jam 一到两个小时

  ○ 2 s/d. 3 jam 两到三个小时

  ○ Diatas 3 jam 三个小时以上

9. Sekarang dimana kamu belajar Mandarin? 你现在在哪儿学习汉语？

  ○ Kursus (diluar sekolah atau universitas) 校外补习机构

  ○ Lembaga pelatihan (di universitas) 高校属下培训机构

  ○ Fakultas Mandarin di universitas 高校汉语学院

10. Berapa lama kamu pernah belajar atau kuliah di China? 你在中国留学过多久？

  ○ Dibawah 1 tahun 一年以下

  ○ 1 s/d. 2 tahun 一到两年

  ○ 2 s/d. 3 tahun 两到三年

  ○ Diatas 3 tahun 三年以上

  ○ Tidak mempunyai pengalaman belajar atau kuliah di China 没有留学中国的经历

11. Email 邮箱地址：＿＿＿＿＿＿＿＿＿＿＿＿＿

Soal no. 11 ini bersifat opsional, apabila anda tertarik dengan riset
kami dan bersedia berbagi pengalaman anda mengenai pembelajaran
berbicara Mandarin, silahkan tinggalkan email anda. Terima kasih.

　　该题是选答题，如果你对我们的研究感兴趣，并且愿意跟我们
分享你的汉语口语学习经历，请留下邮箱地址，我们到时候会与您
联系。谢谢！

Terima kasih atas partisipasi anda. Semoga belajar dan kerja Anda
lancar.

　　谢谢！祝您学习/工作顺利！

图书在版编目（CIP）数据

汉语二语学习者自主学习研究：基于"心理—能力
—行为"三维评估框架的实证考察 / 徐晓羽著. — 上海：
上海教育出版社，2023.10
ISBN 978-7-5720-2342-2

Ⅰ.①汉… Ⅱ.①徐… Ⅲ.①汉语 – 对外汉语教学 –
教学研究 Ⅳ.①H195.3

中国国家版本馆CIP数据核字(2023)第200714号

责任编辑　朱宇清
封面设计　周　吉

汉语二语学习者自主学习研究
——基于"心理—能力—行为"三维评估框架的实证考察
徐晓羽　著

出版发行　上海教育出版社有限公司
　　网　www.seph.com.cn
　　址　上海市闵行区号景路159弄C座
　　编　201101
　　刷　上海叶大印务发展有限公司
　　本　890×1240　1/32　印张8.75
　　数　212千字
　　次　2024年1月第1版
　　次　2024年1月第1次印刷
　　号　ISBN 978-7-5720-2342-2/H·0078
　　价　49.80 元

如发现质量问题，读者可向本社调换　电话：021-64373213